U1015828

# 会计逻辑研究

代金宏　著

湘潭大学出版社
XIANGTAN UNIVERSITY PRESS

版权所有 侵权必究

**图书在版编目（CIP）数据**

会计逻辑研究 / 代金宏著．-- 湘潭 ：湘潭大学出版社，2024. 4. -- ISBN 978-7-5687-1476-1
Ⅰ．F230
中国国家版本馆 CIP 数据核字第 20245GY706 号

**会计逻辑研究**

KUAIJI LUOJI YANJIU

**代金宏 著**

**责任编辑：** 唐小薇 单 越
**封面设计：** 彭 婷
**出版发行：** 湘潭大学出版社
**社　　址：** 湖南省湘潭大学工程训练大楼
**电　　话：** 0731-58298960 0731-58298966（传真）
**邮　　编：** 411105
**网　　址：** http://press.xtu.edu.cn/
**印　　刷：** 长沙创峰印务有限公司
**经　　销：** 湖南省新华书店
**开　　本：** 710 mm×1000 mm 1/16
**印　　张：** 14.25
**字　　数：** 240 千字
**版　　次：** 2024 年 4 月第 1 版
**印　　次：** 2024 年 4 月第 1 次印刷
**书　　号：** ISBN 978-7-5687-1476-1
**定　　价：** 72.00 元

# 前　　言

经济越发展，会计越重要。研究会计可以采用不同的角度，比如从系统论的观点研究，会计是一个经济信息系统。相应地，从逻辑思维的视角去研究会计，也是一个可行的角度，可以称之为“会计逻辑研究”。

具体而言，在逻辑的视角下，研究思路会更为清晰，即会计理论都采用一定的逻辑形式来体系化会计理性认识，采用的逻辑形式无非是概念、判断和推理三种及其衍生形式。可以说，会计逻辑研究就是运用形式逻辑和辩证逻辑的理论知识来研究会计，从逻辑思维的角度构造一种会计的逻辑框架，营造一种会计的逻辑范式，进而更好地指导、预测和认识会计事物。

本书以逻辑理论为基础，以会计工作中的思维活动及其规律为研究对象，结合会计实务、会计教育和会计研究的实践，对会计工作的逻辑思维活动进行了系统的研究。全书由五个部分组成，分别为：第一部分导论，主要内容为界定会计逻辑研究的涵义、对象、理论基础、目标、功能和内容；第二部分会计概念研究，主要内容为界定会计概念的涵义、研究现状和研究意义，明确会计概念的内涵和外延，进而提出构建会计概念体系的原则和方法，并尝试重构；第三部分会计判断研究，主要内容为界定会计判断的涵义、内容、要素、逻辑特征和规则，探讨会计职业判断和会计理论判断；第四部分会计推理研究，主要内容为明确会计推理、会计概念与会计判断之间的理论渊源关系，界定会计推理的涵义、类型和要素，详解会计论证和会计假说；第五部分会计逻辑思维基本规律和能力培养，主要内容为总结会计逻辑思维规律，探讨会计逻辑思维能力的培养。

本书在出版过程中，得到铜陵学院人才项目（2023tl xy04）的资助，铜陵学院金融学院诸多领导和同事给予了无私的指导和帮助；也得到了天津财经大学的师友们一直以来的“精神家园”般的关怀，在此一并感谢。

最后要指出的是：因作者的学术水平有限，书中定有很多的不足、疏漏乃至错误，文责自负，敬请批评指正。

代金宏

2024 年 5 月

# 目　录

# 绪　论

## 0.1 问题的提出：　会计工作呼唤逻辑规范

众所周知，会计学是一门经济管理学科，会计工作是企业等各类社会经济组织重要的经济管理活动。为了使会计工作有章可依、有章必依、依章必严和违章必究，会计工作是需要一定的规范的，通常我们把如上的“章”称之为会计规范。

所谓规范，从汉语字面意义来理解，是指人们在言论、行为等过程中所依据的原则或标准，其直接含义就是标准、原则和依据等。从英文上讲，规范对应的是“standard”。按照 1980 年版的 Oxford Advanced Learner's Dictionary of Current English 的解释，“standard” 是 “Something used as a test or measurement for weights, lengths, qualities or for required degree of excellence”，直接解释为“可以用作重量、长度、质量或其他优点程度的测试或计量的事物”。这里，规范，也是一种标准，与汉语的意义基本相似。

广义上讲，会计规范不仅包括国际组织、主权国家的成文文件，如国际公约、主权国家的会计法律法规等，还包括人们在具体的会计实践中所奉行的理念、原则、惯例以及习惯采用的方法或程序等不成文的会计规范，其范围很广，逻辑规范就属于该类。笔者认为，不成文的会计规范的力量及其作用不可小视。

从成文会计规范的发展和变迁来看，很多或者说大多数成文会计规范的前身均可溯源为不成文的会计惯例。也就是说，在会计实践中，当遵循某项不成文的会计规范已成为大多数人的习惯时，国家或相关权威组织及机构就会在适当的时点上将这种民意以成文的形式确定下来，以便于人们的信息交流、规范市场秩序等，从制度的角度减轻各类信息的不对称，减少交易成本，提高整个经济社会运转的效率。所以，我们有必要对不成文的会计规范给予应有的重视。

不同的不成文的会计规范影响会计实践的方式是不同的，影响的程度也是不一的。简单地讲，其影响会计实践和理论的途径是不同的。比如，会计记录形式在中西方是截然不同的，西方采取的是分录簿的记录方式，其最大的特点是将原始凭证分类集中保存；而我国是在每一张会计凭证后附原始凭证，采取一一对应的方式。在这里分析一下西式记录方式的优点①，其主要表现在：第一，方便进行计算机处理。根据分录簿登记计算机系统，不再需要输出纸质凭证，再将原始凭证附后，以减少工作量；第二，方便以原始凭证为基础的抽样审计；第三，分录簿的序时记载有助于减少漏记的发生。再比如，前文提及的会计逻辑规范，从会计研究的角度讲，对某一问题的系统研究是从界定相关的概念着手的，这对会计学这门经济管理学科是非常必要的，其好处在于界定了基本的概念，会减少不必要的混乱和争论，提高会计研究的有效性。在界定了概念的基础之上，按照判断、推理的逻辑规则，适用相关的辩证逻辑和形式逻辑的规律去立论、论证或反驳等，以实现会计研究的目的，这样就有可能大幅提高会计研究的质量和效率。

特别要指出的是：无论是自然科学研究还是社会科学研究都非常重视逻辑规范。1976 年商务印书馆出版的《爱因斯坦文集》（第一卷）中第 574 页上，爱因斯坦在一封半个世纪前给 J. E. 斯威策的复信中，谈到西方科学发展的基础和中国古代的重大发明，他写道："西方科学的发展是以两个伟大的成就为基础，那就是：希腊哲学家发明形式逻辑体系（在欧几里得几何学中），以及通过系统的实验发现有可能找出因果关系（在文艺复兴时期）。在我看来，中国的贤哲没有走上这两步，那是用不着惊奇的。令人惊奇的倒是这些发现（在中国）全都做出来了。"② 爱因斯坦在信中认为西方科学发展是以西方古老的逻辑学传统为基础的，主要为欧几里得几何学所体现和传播的、由希腊哲学家所发

---

① 刘峰，潘琰，林斌．会计学基础［M］．北京：高等教育出版社．2006：56.

② 引文中括号中的内容是引用者根据上下文的联系为读者方便阅读而加的。

明的逻辑体系，即演绎逻辑的传统，和在文艺复兴时期以来所发现和建立起来的关于通过实验找出因果关系的理论，也就是归纳逻辑的传统。在爱因斯坦的心目中，作为缺少逻辑传统的古代中国有如此伟大的科学发明实在是令人惊奇的。通读这段文字不难发现在科学家眼中逻辑的力量是何等的重要。无独有偶，著名的科学史学家李约瑟在他的论文《中国科学传统的贫乏和胜利》中也发表了相同的观点。

在爱因斯坦、李约瑟的上述观点发表之前，在20世纪初，中国就有一大批有识之士发出了同样的呼吁，请记住他们是：严复、章太炎、梁启超、王国维等。是他们大声呼吁、践履笃行、引进传播西方逻辑学，目的在于复兴中断2000年的中国逻辑学，这一运动在五四时期达到了高潮，使人们逐渐认识到在探求真理的过程中逻辑学的重要作用。在这里，要指出的是：在这场逻辑学的复兴运动中起领军作用的是著名的资产阶级启蒙思想家严复，其最著名的译著为《穆勒名学》，即穆勒（John Stuart Mill，1806—1873）的《逻辑学体系》。严复认为，以逻辑学为基础是“黜伪而崇真”的科学方法，是西方百年来一系列重大发现、一系列科学理论建立发展起来的不可或缺的工具。

会计逻辑的研究就是要从根本上建立会计工作的逻辑规范，使会计人员重视会计思维，从逻辑思维的角度构造一种会计的逻辑框架，营造一种会计的逻辑范式，进而更好地指导、预测和认识会计事物。所以，开篇有必要从会计和逻辑的关系谈起。

### 0.1.1 会计与逻辑：会计富含逻辑

“会计与逻辑”，就内容而言，应该包含两方面关系：一方面是逻辑对会计的影响，另一方面是会计对逻辑的影响。在此，我们谈的是前者，其原因在于逻辑学作为一门基础学科，提供的是一种方法和工具，所以后一方面的内容甚微。

逻辑学是研究思维的学科之一①，思维的性质和关系、本质和规律是多方面的，逻辑学不研究也不可能研究思维的一切方面，它只研究思维的形式及其

① 研究思维的学科除逻辑学之外，还有哲学、心理学等。

规律和逻辑方法。那么，逻辑学和会计学这门经济管理学科或者说会计这类经济管理活动的联系何在呢？

会计工作是一项经济管理工作，该工作无时无刻不彰显会计人员的思维活动，而思维活动要想进行得正确、合理和有效，就必须正确地运用概念、恰当地做出判断、合乎逻辑地进行推理和论证。当然，在此过程中必须遵守逻辑的规律和规则。而逻辑学所研究的内容正是概念、判断、推理等思维形式及其规律，它是人们正确、合理地进行思维活动不可缺少的条件和基础。就会计而言，会计工作也是时刻不能离开逻辑学，要搞好会计工作就必须应用逻辑学。关于此点，革命导师们早已言明：在《马克思恩格斯选集》中，恩格斯就论及“要思维就必须有逻辑范畴”。进一步讲，从会计产生和发展的历史来看，一部会计历史也是一部会计应用逻辑的连续篇章。我们知道，会计内生于经济发展过程之中，是人们密切关注所费和所得的结果。实际上，从人的思维角度看，这本身就是人的思维进化表现。也就是说，人们在生产实践中，逐渐产生了所得和所费的概念，而在生产流程中的各项人力、物力、财力、生产的要素和生产的结果必然处于经常变动之中，如何正确地加以确认、计量、记录和报告成为了难题。只有借助会计概念，才能从复杂的经济信息中抽象出经济活动的结果、目前状况等重要信息，进而为管理服务。可以说，是人们思维实践中概念能力的存在和发展催生了会计的产生，进而促进了会计的发展。

在此，一个恰当的例子是：人们对收益理解的不断深化，促进了全面收益概念的形成。在这个思维演进的过程中，人们关注的范围突破了已实现收益的既成理念，发展了持有收益的观点，才有了而今会计实务中资产减值的概念。梳理该概念的形成过程，便不难发现是人们逻辑思维能力之不断加强起了重要的作用：在不断变化的经济环境中，人们的逻辑思维能力的推演发挥着作用，是这种逻辑能力的推动作用决定了会计概念的形成，抑或说是该能力推动了会计理论的长足进步。

在这里，有必要指出的是：由于思维个体的认知思维能力不一、所管理的再生产活动流程不同、企业的行业特点各异等因素的存在，人们对诸如以上的所费和所得之概念的理解是不尽相同的，于是就需要一个大家共同认同并遵守的会计规范，这就是通常我们所说的会计准则体系。实际上，从会计准则的产生、发展、制定等方面来看，也无不是逻辑思维的结晶，或者说是社会各方面力量的综合思维成果。所以从此角度看，一部会计准则是否有效也有必要从逻辑的角度进行度量和评价。

同样地，从会计理论的角度讲，会计理论本身就是会计学者、会计实务工作者等会计从业人员之会计逻辑思维的总结。一般地说，会计理论都采用概念、判断、推理的逻辑形式使人们对会计事物的理性认识条理化、系统化，进而形成一种知识体系。一个恰当的比喻是：如果说会计理论是一张网络状的知识体系的话，那么会计概念就是会计辩证思维的起点和知识体系的节点，会计判断和会计推理就是使该网络富有生机活力、普遍联系而又富有张力的引擎，逻辑规律就是使该网络不至于坍塌的保护机制，这几者如果某个环节出现故障或形成瓶颈，这张网络就不会通畅而有序。

相应地，在会计教育和会计实务中也一刻少不了会计逻辑的指导和运用。在会计教育中，施教者要加强自身会计逻辑思维能力的培养，才能深入领会会计理论，方能以恰当的方式、手段和方法“传道和授业”于受教者，才能保证会计教育工作高效益和高效率，才能促进施教者和受教者会计理论水平的提高，方能全面提高会计行业的整体水平。在会计实务中，会计工作者既要有一定的会计理论水平，更要有高超的会计职业判断的能力。这是因为理论和实践总是有一定的差异，理论不可能解决会计实践中的所有现实问题；更有甚者，很多新的会计难题是先出现于会计实务，产生较大的经济后果后才会诉求理论的评判，这同样要求一个对会计实务中出现的新方法、程序和手段的理论判断，进而反哺到会计实务处理中去；进而言之，会计分析和会计检查等高级会计管理活动无不需要高超的会计逻辑思维能力，对企业的现行财务状况、经营成果和现金流量进行分析和评判。对企业价值的评估也无不需要会计人员综合运用会计概念、判断和推理的逻辑思维能力去进行。

综上，无论从会计的产生和发展角度，还是从会计实务、教育和研究的角度分析会计，会计都是富含逻辑的。

## 0.1.2 会计逻辑研究的必要性：从《企业会计准则》的逻辑解析谈起

如果从1494年意大利传教士卢卡·巴其阿勒（Luca Pacioli）的划时代著作《算术、几何、比与比例概要》算起，会计已经有五百多年的发展历史了。在这五百多年中，会计理论和方法获得了长足的发展，而作为会计理论和方法集大成者的企业会计准则体系无疑是一个国家会计水平的集中体现。所以，探讨会计逻辑，分析《企业会计准则》应该是一个十分恰当的角度。

我国企业会计准则体系的建设发端于20世纪80年代，时逢我国改革开放、建立社会主义市场经济的初期。经济越发展，会计越重要，建立健全我国的企业会计准则体系正是为适应改革开放的要求应运而生，其主要的标志性事件为：①在改革开放如火如荼的年代中，我国原有的统一的、分行业的企业会计制度越来越不适应经济发展的现状，为适应改革开放的时代要求，实现与国际会计惯例的接轨，1992年11月，我国颁布了《企业会计准则——基本准则》，要求从1993年7月起实施，可以说该基本准则的颁布标志着我国会计从此进入了会计准则时代；②随后，我国颁布了16项具体会计准则并数次修改；③时入21世纪，距92年基本准则颁布的14年之后，为适应我国加入WTO的时代要求和迎接世界经济一体化国际经济格局的挑战，2006年2月，我国在对原准则修改的基础之上，重新构建了新的企业会计准则体系。该体系含基本准则和38个具体会计准则，要求上市公司从2007年1月1日起实施并同时鼓励其他企业执行；④2014以来，财政部根据国际财务报告准则发展变化情况，有原则地对企业会计准则进行了较大规模的修订和增补，进一步紧跟国际国内经济发展形势丰富了企业会计准则内容，充实了中国特色企业会计制度体系，形成了目前现行的企业会计准则体系，主要包括1项基本准则、42项具体准则、17项企业会计准则解释、10余项会计处理规定。这是我国企业会计准则体系[①]建立的简单脉络。

在这里，我们主要以我国最新的2006年企业会计准则体系为主要素材从形

① 下文中除非特别指出，新准则、企业会计准则、准则体系等都是指2006年颁布的《企业会计准则》。

式逻辑的角度做简单的解析。

**1. 很多基本的会计概念没有或无明确的定义**

会计准则是企业或相关方面处理会计实务、相关监管部门实施会计监管和政府相关部门利用相关信息进行决策等事项的基本准绳，这是毋庸置疑的，所以对会计准则中所涉及的会计概念应该有明确的定义。其背景在于：准则是会计程序和方法的基本规范，其涉及面应该照顾到大部分企业，所以准则和某个特定企业的会计实务毕竟还是有一定的差异，其原则性比较强，准则不应该也不可能涵盖某个企业会计实务的所有方面。更有甚者，现今的业务创新、组织形式创新和企业流程再造日新月异，准则更新的速度远远赶不上实务的及时要求。为此，财政部以及相关的准则执行监督机构（如中国证券监督管理委员会①）为弥补该方面的缺陷而采取一些诸如准则指南、解释、执行过程中的问题解答等措施，但效果并不是很好。这一点，可以从财政部、审计署和证监会等部门的监管报告中发现：在我国历年的会计准则执行的监督检查中都发现很多企业无意或有意地对准则进行曲解或歪曲。

实际上，准则对会计概念的定义越严密就越能增强会计准则的生命力和规范力；反之，如果偏废了对某个会计概念的定义，在创新的业务和组织形式等出现时，就会使企业在选择会计政策和方法时失去了方向而无所适从，同时也给刻意的粉饰财务状况、盈余管理或利润操纵等边缘会计行为留下了空间。

比如，在《企业会计准则——基本准则》第十条中：“企业应当按照交易或者事项的经济特征确定会计要素。会计要素包括资产、负债、所有者权益、收入、费用和利润。”细究该条规定，我们发现至少有以下几个逻辑上的瑕疵：

第一，要求企业根据交易或者事项的经济特征确定会计要素，但何谓“交易或者事项”却未作明确的界定。一部会计准则体系包括基本准则和具体准则及其指南与解释，但就随后颁布的指南以及解释来看，也不够清晰。退一步讲，即使在指南和解释中有交代，但鉴于这些概念在基本准则中的奠基性地位，对交易和事项的说明也应该放在基本准则中。因为，这是企业进行会计处理的基

① 该部门是监督上市公司的会计信息生成和披露的管理部门，对上市公司进行会计信息披露方面的标志性监管文件为《公开发行证券的公司信息披露内容和格式准则》。

本着眼点，是事关会计处理是否恰当、及时、全面的关键所在。进一步讲，企业的具体情况千差万别，在新业务、新组织等出现时，缺乏明确的概念界定就会使企业在判断交易和事项时无所适从。不难想象，对会计处理着眼点规范建设的忽视会伤害会计准则执行的效果。

笔者认为，虽然从字面和企业意义上讲交易或事项是具体的，但从本质意义上讲它又是虚拟的，关键在于企业的活动、行为以及内部、外部环境的变化给企业的财务状况、经营业绩和现金流量带来的影响，如果其影响力符合重要性的要求才能进入企业会计处理的视野。也就是，会计人员要知道他们工作的着力点在哪里，其关注点是什么。

第二，会计要素的定义方式有商榷之处。该条款认为："会计要素包括资产、负债、所有者权益、收入、费用和利润。"虽然在随后的条款中对资产等要素有明确的定义，却未能言明会计要素的本质特征是什么。也就是说，这种对会计要素的叙述充其量只是对会计要素的解释或是说明，是会计要素的语词定义而非实质定义。根据逻辑学的相关理论，对某一会计概念下定义，有实质定义和语词定义之分。其逻辑形式应该为"A 是 B"，B 既可以揭示会计概念 A 的本质属性（内涵），也可以对 A 进行说明或规定 A 的意义。反观"A 包括 B"的逻辑形式就很让人费解。一方面，会让人产生"在上述六大要素之外是否还存在其他会计要素"的误解，比如随后出现的利得和损失；另一方面，也没有给出会计要素的实质性定义，即揭示其本质特征。因此，相对于丰富的会计实践而言，对于该全局性的基本概念没有给出实质性的定义似乎是不恰当的。

进一步讲，会计要素从哪里来？根据准则的条文是来源于企业的交易和事项的经济特征，这也从另外一个侧面说明了交易和事项概念的重要性。企业的交易和事项的数量和规模巨大，如何从纷繁复杂的交易和事项中过滤出会计要素，仅仅靠"会计要素包括资产、负债、所有者权益、收入、费用和利润"显然是不够的，唯一可行的办法是界定会计交易或者事项的经济本质。

同时，还要指出的是：会计对象要素和会计要素是两个不同的会计概念。前者指构成"会计对象"这一集合概念的个体，而后者是构成"会计"这一个集合概念的个体[①]。

第三，在上述之外，还有一个必须指出的重要的相关问题是："企业应当按照交易或者事项的经济特征确定会计要素"有以偏概全之嫌。实际上，除交易或事项之外，还有情况，一般我们把上述三类统称为企业的经济业务。同时，三者的区别在于：交易是指发生在两个不同会计主体之间的价值转移，如用现金购买设备；事项是指发生在会计主体内部各部门之间的资源转移，如生产部门领用原材料；情况是指既未发生交易又未发生事项，而是由企业不可控的因素发生变化而对企业造成的影响，如企业（人民币为记账本位币）持有的美元现金由于人民币的升值而发生贬值。

按照通常公认的对经济业务的范围界定，外延应该包含上述三种形式。因为在基本准则中未对交易或事项作明确的界定，所以很难判断制定者的真实意欲所指的范围有多大；从现行42个具体会计准则的内容来看，诸如资产减值准备、公允价值的采用等会计思想无不闪烁其中，而这些是交易或事项所不能概括的。有必要指出的是，类似的例子在基本准则中还有：第五、十五、十六、十七、十八、十九条，这些和第十条有相同的弊病。

**2. 会计概念的定义出现明显的逻辑错误**

根据逻辑学概念定义的理论，给会计概念下定义要遵循一定的逻辑规则[②]。如果不遵循这些规则就会犯逻辑错误。遗憾的是，在准则中，我们发现不止一处逻辑错误。以下列举几个：

《企业会计准则第2号——长期股权投资》中第五条："共同控制，是指按照合同约定对某项经济活动所共有的控制，仅在与该项经济活动相关的重要财务和经营决策需要分享控制权的投资方一致同意时存在。"此处，虽然后半句对前者进行了进一步的解释，但仅从前半句而言，"共同控制是……共有的控制"无疑是一个典型的定义循环。这个缺陷无论从行文上还是从逻辑上分析都是该定义的一个硬伤。

《企业会计准则第20号——企业合并》第二条："企业合并，是指将两个

① 详细论述见本书第3章。

② 详细论述放在第2章中，并且在该章中就准则中出现的逻辑错误进行了归纳。

或者两个以上单独的企业合并形成一个报告主体的交易和事项。”很明显，“企业合并”同时出现在定义项和被定义项之中，是一个典型的同义反复。

《企业会计准则第 12 号——债务重组》第七条第三款：“或有应付金额，是指根据未来某种事项出现而发生的应付金额，而且该未来事项的出现具有不确定性。”前半句实际上也是一个同义反复。

《企业会计准则——基本准则》中第二十三条：“现时义务是指企业在现行条件下已承担的义务。”此处就是一个间接同义反复，即现时义务是义务。

**3. 概念划分出现逻辑错误**

根据逻辑学的相关理论，对概念进行划分是明确其外延的一种手段，每次划分的标准应该唯一，其划分后所得子项不出现重叠或交叉、划分不全等逻辑错误，这是逻辑学对概念划分的基本要求。否则，就会犯逻辑错误；进一步讲，会计概念的划分错误既损害准则的逻辑严密性，又给准则的理解产生极大的歧义，同时会给执行准则带来极大的负面影响，使准则的执行者产生误解。

以下以《企业会计准则第 2 号——长期股权投资》为例，就该准则规范范围的划分进行分析。《长期股权投资》准则包括总则、初始计量、后续计量和披露共四章内容。在总则部分说明了制定本准则的目的以及不适用本准则的内容范围。实际上，是用排除的方法规定了本准则规范的范围。此点在随后财政部颁布的指南得以充分地体现，即适用第 2 号具体会计准则的范围为：①对子公司投资；②对合营企业投资；③对联营企业投资；④不具有控制、共同控制或重大影响，且在活跃市场中没有报价、公允价值不能可靠计量的权益性投资。在上述四类之外，适用第 22 号具体会计准则《金融工具确认和计量》。

我们暂且不考虑不适用第 2 号准则的例外情况。单就该准则应用指南中长期股权投资企业的划分标准作一下分析。逻辑学的知识告诉我们，划分标准应该选择属概念的某一方面的特征且每次划分标准唯一。从指南的四类企业中，我们能感觉到指南制定者选择了投资企业对被投资企业控制度这一标准，即控制度依次为控制、共同控制、重大影响和其他控制度，这本身没有逻辑上的错误；但在第四类——“不具有控制、共同控制或重大影响，且在活跃市场中没有报价、公允价值不能可靠计量的权益性投资”却不恰当地加入了“没有报价、公允价值不能可靠计量”这一标准，也就是说，如果按照该指南的划分，划分的标准便不是唯一，而是双重标准。虽然，从准则指南的行文上，这种错误不会带来歧义，但让不同层次的种概念呈并列关系从逻辑学角度理解总让人有点费解①。

以上从三个方面就新准则存在的逻辑错误或缺陷作了分析。根据以上分析，会计逻辑研究的必要性已经无需多言。在此我们作简单的小结：

第一，会计逻辑研究有助于会计研究走上更规范的道路，提高会计研究的有效性。

会计逻辑研究是会计理论和方法研究方面的一个基础研究，其目的是给出会计研究在逻辑方面的规范，建立一种逻辑范式进而提高会计研究的有效性。简单地讲，在会计研究中我们必须有明确的定义、正确的判断、合理的推理。

第二，会计逻辑研究有助于会计实务，特别是会计职业判断的能力培养，提高企业会计信息质量。

会计逻辑研究的成果可以从根本上提高会计从业人员的逻辑思维能力，提高会计职业判断的能力，提高会计人员的会计水平，进而提高会计信息质量。实际上，在前期会计信息失真的会计热点大讨论中，会计学者们提出了综合治理的方法，其中一个重要的方法就是提高会计职业从业人员的职业判断能力。进一步讲，如何培养会计职业从业人员的判断能力？学习、运用会计逻辑不失为一个可行的办法。这是因为会计逻辑充分运用辩证逻辑、形式逻辑的既有成果，结合会计学的学科特点，其关注点是会计人员的逻辑思维。在日常的会计工作中，会计人员学逻辑、用逻辑将会使他们不仅仅停留在业务处理的简单层面，而是升华到“知道如何处理、为何如此处理、如此处理的利弊”的职业评价层面。

第三，会计逻辑研究有助于会计教育，从教师和学生两个角度提高他们的会计理论水平。

与第二相似，在教育界重视会计逻辑的运用和研究，一方面可以使会计教师的会计理论水平得以提高，提高高校会计教师整体的科研能力，继而带动学

① 对于该问题的更详细论述请参见第2章会计概念的划分部分。

术界的会计研究逻辑规范，从整体上加速我国向会计研究大国的实质转变；另一方面，教师队伍的会计逻辑水平提高，会给他们的教育工作提供极大的帮助，使学生在高等教育中深受学术规范、逻辑思想的熏陶，会计青年是会计事业的未来，不难想象的是：新一辈会计青年手握“学术规范和逻辑思想”的利器，我国的会计事业一定会走向一个新的辉煌。

第四，在上述基础上，会计逻辑研究还有助于一个国家或地区的总体会计水平的提高，并集中表现在该国或地区的会计准则体系之完善和有效。

## 0.2 文献综述

就笔者检索所见，基本没有就会计逻辑专门而系统的研究，但不乏很多涉及者：

**1. 国外**

早在1948年美国会计学会发表的《编制会计报表所使用的会计概念和准则》中就已经使用会计概念；美国注册会计师协会有下设的会计名词委员会，1953—1957年就曾经发布过四项《会计名词公告》（Accounting Terminology Bulletins）；在会计原则委员会（APB）时代，开始由美国注册会计师协会（AICPA）所属的会计研究部研究财务会计的基本概念，其思路就是以会计假设为基本概念作为逻辑的起点来逻辑推演一般公认会计原则（GAAP），即会计假设—会计原则—GAAP；财务会计准则委员会（FASB）的会计概念框架研究也是会计概念研究的集大成者，集中表现在其发布的第1~6号概念公告中（其中第6号取代第3号）提出了从会计目标的逻辑起点进行逻辑推演，即会计目标—会计信息质量特征—财务报表要素—要素的确认和计量—要素的报告。

必须提及的是：英国会计学者鲍勃·瑞安、罗伯特·W·斯卡彭斯所著《财务与会计研究方法与方法论》一书，对会计逻辑推理和论证方法有专门的论述（该书中译本为戴德明等译，机械工业出版社，2004 年）。该书第 11、12 章介绍了评论分析的方法、作用，其中第 11 章是有关推理和论证的分析，第 12 章是有关命题的逻辑分析。按照笔者的理解，在第 11、12 章中作者实际上是运用形式逻辑的有关知识为我们提供了一个对财务与会计研究方法的评价范例，更重要的是为我们检验财务与会计科研成果提供了一个可行的方法，即逻辑检验。实际上对这一点作者也有所表达，在该书的第 144 页上作者列举了使用逻辑的两个理由："第一，它有助于识别研究文献中陈述或论述中的不一致和无效；第二，它迫使人们对所提出的问题提供认真的解释。"并且作者清晰地指出逻辑的弱点，有其局限性。

还需要指出的是，在大量的国外学者的著作和论文中，也涉及了对会计概念、会计演绎或归纳推理、会计判断的大量研究，主要是在研究会计具体概念、会计方法论和会计方法时涉及，但总体看尚没有系统而专门的研究。

**2. 国内**

我国学者对会计概念、会计判断和会计推理的专门研究发轫于改革开放时期，特别在颁布《企业会计准则》之后。主要有：

于玉林教授于 1995 年前后发表多篇论文，如《会计概念初探》《会计概念结构剖析》《刍议会计的哲学观念》《会计概念的逻辑论证》《论认识会计概念的逻辑方法》等，深入地从逻辑等角度论述会计概念。

1997 年，于玉林教授编著的《现代会计方法学》有专门的一章用近 2 万字的篇幅详细论述了会计概念研究方法的运用。该章节从方法论的角度入手，运用形式逻辑的理论和方法对会计概念的相关问题作出了专门而系统的论述。

2004 年，许燕在其博士论文《会计职业判断》中，也运用到逻辑理论和方法对会计职业判断进行探讨。虽然该论文的主要角度为非逻辑角度，但不失为进一步运用逻辑的理论与方法研究会计判断的较好的参考资料。

当然，在上述之外，还有大量的就某一会计概念的论著、论文，在此不予列举。

但是要指出的是：从我国学者的会计逻辑研究方面的成果来看，会计逻辑研究一般止于会计概念，专注于一些基本会计概念如会计本质的探讨，而很少顾及在会计实务、研究和教育中概念、判断和推理的重要作用，其原因是国家统一的会计制度的存在、国有企业的成分大、非公有制经济发展还不充分、企业融资渠道单一等因素的存在使会计实务、财务行为的可选余地较小。在1993年之后，随着社会主义市场经济体制的深化、上市公司的发展壮大、企业融资渠道多元化、企业自主经营地位的确定使理论界、实务界越来越关注会计概念、判断和推理，但基本没有就会计逻辑做专门而系统的研究，也就是说没有一个系统的研究有效地构建一个逻辑体系，全面科学地总结会计管理活动和会计理论研究中的思维特征、形式结构、思维规律、思维方式和思维模式，这就是笔者称作“不容乐观”的关键所在。

## 0.3 全书结构及创新点

### 0.3.1 结构

本研究的正文由八章组成，分五大部分。分别为：

第一部分，本书的导论，包括第1章会计逻辑研究概述。主要任务是界定会计逻辑研究的涵义、对象、理论基础、目标、功能和内容。

第二部分，会计概念研究，包括第2、3章，是本论文的重点和核心。其中，第2章界定会计概念的涵义、研究现状、研究意义，继而明确会计概念的内涵和外延及其方法，进而讨论对会计概念如何下定义及其规则、限制和概括，在此基础之上提出重视会计术语研究的必要性和可能发展方向。第3章是对会计概念体系的研究，其主要内容为界定会计概念体系的涵义、会计基本概念、构建会计概念体系的原则和方法，并在此基础之上尝试对会计概念体系进行重构。正如上文提及，该部分是本论文的基础所在，所以该部分占有较大的篇幅和笔墨。

第三部分，会计判断研究，包括第4、5章。其主要内容为：第4章首先就会计判断和会计概念的关系做了一个本源的分析，进而在此基础之上界定会计判断的涵义、内容、要素、逻辑特征和规则。第5章是会计判断的实例，分别对会计职业判断和会计理论判断进行深入的研究，并紧密联系新企业会计准则体系进行较详细的探讨。

第四部分，会计推理研究，包括第6、7章。其中，第6章为会计推理的基础研究。首先就会计推理和会计概念、会计判断的关系进行了讨论，进而在此基础之上界定会计推理的涵义、类型、要素，并重点详述常见的几种会计推理形式，给出规则，联系新会计准则举出实例。第7章为会计论证和会计假说，其实质是会计推理的复杂化和高级阶段，其主要内容为界定定义、给出规则和结合相关的会计问题给出实例。

第五部分，会计逻辑思维基本规律和能力培养，包括第8章。其主要内容为：给出会计逻辑思维四大基本规律、规则和要求，继而在此基础之上探讨了会计逻辑思维能力的培养。

### 0.3.2 创新点

本研究的创新点主要体现在：

（1）首次从逻辑学的角度，尝试对会计理论知识进行了系统的梳理。以会计逻辑思维为研究对象，构建一个新的会计研究框架。

（2）提出重视会计术语研究的重要性，并进行了较深入的探讨，指出可能的发展方向，提出会计术语的标准化和国际化方向。

（3）能够紧密联系我国新颁布的企业会计准则，在会计概念、判断和推理层面上进行较深入的逻辑考量。

# 第1章 会计逻辑概论

## 1.1 会计逻辑的涵义及其研究对象

无论是社会科学研究，还是自然科学研究，明确界定研究过程中所应用的一些基本概念，是减少不必要的混乱和争论的有效方法。本论文的直接着眼点为会计逻辑，因此，在正式展开讨论之前，首先应该明确什么是会计逻辑。

### 1.1.1 逻辑与会计逻辑：简单释义

在现代汉语中，“逻辑”是个多义词，在特定的语言环境中，主要有以下几种含义：

**1. 指客观规律**

比如，“事实证明，该事物的发展符合经济逻辑”，在这里，逻辑是指客观规律。

**2. 指思维规律或逻辑规则**

比如，“他的推理是符合逻辑的”，其中，逻辑是指思维规律或逻辑规则。

**3. 专指逻辑学科**

比如，“会计管理工作者应该学习逻辑”，其中，逻辑是指逻辑学科。

会计逻辑是个复合词，是由“会计”和“逻辑”复合而成。如果按照上述三种不同的逻辑含义，“会计逻辑”相应也有三种不同的涵义：首先，是指会计规律；其次，是指会计思维规律或规则；最后，是指一门交叉学科“会计逻辑学”。

在本章中，除特别指出，一般专指第二种含义，即：会计逻辑是指会计人员在会计工作中所应该遵循的思维规律或逻辑规则。

在这里，有必要解释的是：会计人员包括会计实务人员、会计教育工作者以及会计研究工作者；相应地，会计工作的范围也包括会计实务工作、会计教育工作和会计研究工作。

### 1.1.2 会计逻辑的研究对象

在界定了研究对象的定义之后，接下来的工作就是进一步明确研究对象，这样可以使研究的范围清晰明了，不至于空泛而不着边际。也就是说，会计逻辑的研究对象是什么直接决定本书的时空范围。

在 1.1.1 中，笔者给出了会计逻辑的涵义。从系统论的角度看，会计逻辑可以看成一个系统。在该系统中，系统主体是会计人员；系统客体是会计工作；系统软件是会计逻辑思维，它是连接会计逻辑主体和客体的桥梁。所以，从广义上讲，只要涉及上述主体、客体和软件的相关方面都应该是会计逻辑的研究范围。比如，特定地区或国家的会计人员不同的逻辑思维模式、会计管理工作中的逻辑方略、会计教学中的逻辑方法运用等等。

所以，如果这样理解会计逻辑的研究对象就会出现研究范围的宽泛，就不可避免地出现主次不分的研究误区，显然是不恰当的。因此，找一条能够有机连通三者的主线是非常必要的，也是唯一能有效界定研究对象的途径。

实际上，在这个系统里，作为系统主体的会计人员是系统中最能动的组成部分，是会计人员决定着系统的目标指向、实施途径以及系统运行的结果。所以，从这层意义上讲，重视对会计人员的研究也就是找到了研究的出发点和归宿点。

进一步讲，对会计人员的研究可以从多角度、多方位进行，比如从心理学的角度研究会计人员的会计心理，从行为学的角度研究会计人员行为等等。而会计逻辑研究只专注会计人员的逻辑思维，是专门研究会计人员在会计工作中思维活动及其规律的研究领域。

因此，会计逻辑的研究对象为：会计人员在会计工作中的思维活动及其规律。

具体而言，会计逻辑关注于会计工作中的逻辑形式及其规律，关注于逻辑方法的具体特点和方法。比如，会计概念、会计范畴的确定性，会计判断的妥当性和辩证性，会计推理的有效性等等。会计人员是指会计实务、会计研究以及会计教育工作者。

## 1.2 会计逻辑研究的理论基础

科学研究犹如构建房屋，没有基础便经不起风吹雨打、日月轮回，没有坚实基础的理论研究是经不起推敲的空洞文字，所以有必要对会计逻辑研究的理论基础作一专门的阐述。

从会计研究的发展历程来看，会计研究领域无非是朝两个不同的方面扩展的，或是在某个既定会计领域的继续深入研究——“深挖坑”，比如对某一具体会计准则的研究，在既有成果的基础之上，对金融衍生工具的卓越研究；或是向某个空白的交叉领域的拓展，属于交叉研究——“猛交叉”，比如，实证会计的出现，就是受经济学等学科的影响而出现的会计研究流派，其成果就是我们所说的实证会计理论，其使用的方法就是会计实证法。

所以，从这个角度讲，会计逻辑研究无疑是属于后者，属于会计理论和逻辑理论的交叉研究，实质上是一种试图打通会计理论和逻辑理论的研究。进一步讲，它的视角是从逻辑的角度研究会计，研究会计的逻辑思维。因此，从该角度出发，会计逻辑的理论基础应该是逻辑理论。

在这里，或许会有人提出：会计理论也应该是会计逻辑研究的理论基础。因为，在讨论会计逻辑时不可避免地会引用某一方面的会计理论。所以，有必要澄清的是，会计理论不是会计逻辑研究的理论基础。

就如，一栋砖混结构的楼房之于一栋框架结构的楼房一样，其构建的方式是截然不同的，前者是一层一层、按部就班、自下而上地增加高度乃至完工，而后者是先构筑整体框架而后再一层一层地砌墙铺地进而一层一层地完工，我们能说它们的基石是一样的吗？实际上，后者的基石是一个整体的框架，浑然天成、不可分割，绝对不能割裂框架的地下部分和地上部分的整体性；而前者的基石显然是地下部分，地下部分是根，地上部分才是干。

再比如，实证会计理论是交叉实证理论和会计理论的结晶，我们能说实证会计理论的理论基础是规范会计理论吗？不能，也不会是。否则，实证会计理论就不是有别于规范会计理论的一个分支，也就没有会计实证法和会计规范法谁更有效、谁更科学的全球争论。实际上，实证会计理论采取截然不同于规范会计理论的方法，其提出命题—建立假设—收集资料—验证真伪的研究范式根本就看不到规范会计方法的一丝痕迹。不可否认的是：在实证会计提出命题（即提出假说）的过程中不可避免地触及规范会计理论，但它回答“是什么”的系统知识体系并以此解释现行会计实务和预测未来会计实务效果的理论诉求就有力而雄辩地决定了实证会计的理论基础不是规范会计理论，而是实证主义或者说是实证理论。否则，将无法解释这样一个悖论——实证会计理论建立在规范会计理论之上而又解释规范会计理论①。进一步讲，除了上述方法论方面的不同，实证会计理论与规范会计理论在价值判断、证伪方法、研究思路方面也是截然不同的，也进一步说明了实证会计理论的理论基础不能也不会是规范会计理论。

所以，鉴于上述理解，有较充分的理论说明会计逻辑的理论基础是逻辑理论。

具体而言：

**1. 会计逻辑研究的方法有别于其他会计理论**

会计逻辑研究关注于会计思维，其研究方法主要采用概念、判断、推理等

① 现行会计实务是规范会计理论在现实中的体现，可以说规范会计理论的理论诉求就是现行会计实务。对于科学研究而言，可怕的不是我们尚不知晓是否成功，而是在研究之初我们的根基不稳固。如果实证会计的理论基础是规范会计理论，实质上我们就承认了规范会计理论的真，那么还有必要在此基础之上去解释现行会计实务和预测未来会计实务效果吗？

逻辑方法，在此基础之上总结会计思维的客观规律。

**2. 会计逻辑研究的系统框架是非会计的**

会计逻辑研究的思路是从会计概念入手，继而分析讨论会计判断和会计推理，最后总结会计思维客观规律，其系统框架有别于传统会计演绎之思路——假设、基本原则、准则、具体程序，或目标、信息质量特征、要素、确认、计量、报告①。或者说。会计逻辑研究的框架是逻辑的，是逻辑科学在会计领域的应用而已，也仅此而已。

**3. 会计逻辑研究专注于会计思维，而无意发轫于会计理论**

正如前文所提及，会计逻辑研究是交叉研究，其营养主要来源于逻辑理论，这是会计逻辑的根系所在。当然，在研究过程中一定会涉及会计理论，但也不能、不足以让会计逻辑“更名改姓”。

具体而言，会计逻辑研究的理论基础就是逻辑理论，即形式逻辑和辩证逻辑。前者研究会计思维的逻辑形式、逻辑方法，有时我们也称之为简单抽象思维，其原因在于形式逻辑研究是不考虑思维内容的，只关注思维的形式是否符合规则；而后者不仅研究思维的形式，也研究思维的内容，是对形式逻辑的继承和发展，广泛运用分析与综合、归纳与演绎、抽象与具体、逻辑与历史等逻辑方法来研究概念、判断和推理的辩证性。

## 1.3 会计逻辑研究的目标、 功能与内容

研究会计可以采用不同的角度，比如用系统论的观点研究之，会计是一个经济信息系统。相应地，从逻辑视角去研究会计，也是一个可行的角度，笔者称之为“会计逻辑研究”，在这里逻辑是指有关思维形式及其规律的科学（在

① 通常认为前者是原则导向，后者为规则导向。

其他学科，就有经济逻辑、法理逻辑和管理逻辑等，其成果斐然）。进一步讲，在该视角下，研究思路会更为清晰，即会计理论都采用一定的逻辑形式来体系化会计理性认识，采用的逻辑形式无非是概念、判断和推理三种及其衍生形式。也就是说，会计逻辑研究是运用形式逻辑和辩证逻辑的理论知识来研究会计，从逻辑思维的角度构造一种会计的逻辑框架，营造一种会计的逻辑范式，进而更好地指导、预测和认识会计事物。

具体地讲，会计逻辑研究的内容主要包括：一是会计概念，是对会计实践活动中存在的各种客观现象的属性做深入研究，从中抽象出其本质属性，从而对会计事物进行区分、比较和分析，进而系统把握会计事物的特征；同时，要指出的是：在抽象会计事物的本质属性时，实质也是揭示会计事物的内涵和外延。进而言之，通过对会计事物内涵和外延乃至概念的抽象总结，就会发现会计事物之间不是孤立的、无关的，而是存在着普遍联系的，在一定情况下是互相转换的，这就构成了会计概念之间的关系，从概念层面加深了人们对财务报告中的诸多勾稽关系的理解和把握。

二是会计判断，是会计概念的发展和延伸。人们在认识了会计事物的内涵和外延之后，就可以籍此“利器”对在工作和生活中遇到的会计事物或问题做出逻辑分析，一般简单的分析是：这个会计事物是什么或者不是什么，即通常所说的“肯定或否定”界定，以甄别其真假，这个过程就是会计判断。会计判断是会计人员认识会计事物真相的过程，可以提高会计工作水平，指导会计实践。

三是会计推理，是会计概念和会计判断的升华。会计人员根据积累的逻辑思维能力和掌握的会计事物概念理性认识，由一个已证明为真的会计判断，合理地推导出一个新的会计判断，这种思维形式就是会计推理。也就是说，会计推理的实质是由已知会计判断推导出新的会计判断的思维方式。

具体到某一方面讲，比如我国新的会计准则体系，本身就是一部逻辑思维的力作，准则制定和准则结构也是从会计概念出发推演而成的，可以说是一部富含会计逻辑的规范，此是会计准则的逻辑理论层面；从会计实务的角度看，在 2007 年上市公司实施新会计准则以后，上市公司的财务与会计行为、监管制度的调整、融资门槛的重新界定等都发生了较大的变化，比如企业财务状况会因新准则执行而有所变化，在特定地区、特定行业表现得尤为明显，如房地产业；再比如，银行对贷款企业的信用评级也会因为企业执行新准则体系而发生变化，如果银行本身是上市公司的话，考虑到银行本身的财务状况、经营业绩和现金流量等因素，对企业的信用评级体系构建及信贷门槛调整就会更为复杂。这一切都需要会计逻辑思维能力，笔者认为是会计逻辑理论的实际运用。那么，如何培养会计逻辑能力就是一个不可回避的问题，所以在本书的最后，在第八章中以专门的一节予以论述，其目的是给出一个提高会计逻辑思维能力的可能途径。

# 第 2 章　会计概念：会计辩证思维的起点和基础

## 2.1 会计概念的界定及其研究意义

### 2.1.1 会计概念的涵义

**1. 概念理论的文献综述**

要准确界定会计概念的涵义，应该从认识概念的涵义出发，即什么是概念？它的实质和特征是什么？这是研究会计概念首先应该回答的问题。恩格斯在考察人类思维历史的基础上指出："辩证的思维——正因为它是以概念本性的研究为前提——只对于人才是可能的……"① 可见，辩证唯物主义的概念理论是人类辩证思维经验的科学总结，所以从这个角度讲，有必要对概念的理论做一个简单的回顾。

从理论上讲，概念理论的发展是在哲学的范围内进行的，先后经过柏拉图的理念论和亚里士多德的范畴论、中世纪唯名论和唯实论、唯理论和经验论、休谟等的概念理论和马克思主义辩证概念理论五个阶段。

柏拉图把客观世界分为理念世界和现象世界，前者是普遍的、永恒不变的，而后者由多变的具体事物构成，二者相互独立；亚里士多德扬弃了其老师柏拉图的理念论，认为理念独立于现实之外犯了根本性的错误，在《范畴篇》中提出了著名的十范畴学说，即：实体、数量、性质、关系、地点、时间、姿势、

① 中共中央马克思、恩格斯、列宁、斯大林著作编译局. 马克思恩格斯选集（第三卷）［M］. 北京：人民出版社，1975：545.

状态、活动、遭受，并把概念和范畴看作是相互联系的、可变的、流动的。显然，柏拉图的概念论是一种唯心主义的概念论，他割裂了一般和个别的辩证统一，形而上学地把一般和个别分开，又形而上学地把它们合二为一到客观世界中。对于亚里士多德的范畴学说，恩格斯曾经高度评价，认为其是辩证思维的主要形式，虽然他的探索只是初步的，不可避免地带有时代局限性。

进入中世纪（约 395 年—1500 年），概念理论分为唯名论和唯实论，前者认为，一般是先于个别事物并在个别事物之外真实存在的精神实体；后者认为，没有什么离开人的思想意识和个别事物而独立存在的一般，只有个别事物才是客观真实存在的东西，而一般不过是事物的名称、符号、概念，个别事物是先于一般而存在的。显然，这两种理论在个别和一般的关系上都存在绝对化和片面化的错误，也就是说他们各自强调了一个侧面，而没有能力辩证地把人的认识过程看作是个别与一般辩证联系的矛盾运动过程，这是这两种理论的共同缺陷。

如果说，柏拉图主义者、唯实论者把概念看成在人和自然界之外的精神实体，那么近代西方哲学史上的唯理论者则把概念看作是人的头脑所固有的，是人的心灵的一种天赋，即所谓的天赋观念论，其代表人物是笛卡儿。在他看来，观念是与生俱来的，显然是一种唯心主义的概念论。在笛卡尔的同时代，洛克则认为人的心灵原来像一块白纸，一切知识和观念都是后天获得的，都是从经验中获得的。但又认为经验有外部经验和内部经验，前者是客观物质世界对人的感觉作用的结果；后者是人的自身的活动，即“反省”，明显是一种唯心主义的观点。所以洛克的概念论是一种不彻底的唯物主义。

进入十八世纪，随着哲学和科学的发展，关于概念本性的认识和讨论也越来越深入，在此不可不提的是两位在概念理论方面著名的学者，即休谟和黑格尔。在休谟看来，世界上除了感觉，别无他物，知觉之外的一切都是不可知的；同时，他认为不可能从特殊、个别的经验中取得普遍必然的科学知识。显然，休谟否定了物质世界的存在，又否定普遍必然性知识的可能，是唯心主义的。黑格尔是德国古典唯心主义哲学的集大成者，也是第一个系统地研究了辩证思维形式的哲学家。在他的概念理论中，他从唯心主义的思维和存在具有统一性的前提出发，第一个提出具体概念以区别于抽象概念，认为形式逻辑研究的是具体概念，而辩证逻辑研究的是抽象概念，认为“矛盾的思维乃是概念的本质要素”①“每一个概念一般都是对立环节的统一”②。从黑格尔的论述中可以发现，虽然他是从唯心主义的角度出发，却得到了概念的辩证认识，列宁称之为“天才地猜测”。③ 这也为随后的马克思主义辩证概念理论提供了重要的理论来源。

马克思主义的概念理论是在继承前人的基础上，运用唯物论和辩证法科学地阐明了概念的实质和特征，认为概念是反映客观事物本质属性的思维方式，其特征表现为概念的内涵和外延。马克思主义概念理论的核心观点有以下几点：④ 第一，概念不是人的头脑主观自生的，也不是离开人和自然界而独立存在的精神实体，而是在实践基础上人的头脑对客观对象的反映形式。也就是说，概念与客观对象的关系是反映和被反映的关系，客观世界是第一性的，概念是第二性的，一切概念都有客观的来源和客观内容。

第二，概念是对客观对象的“独特”反映。其“独特”之处在于：①概念不同于感觉、知觉等感性的反映形式，而反映的是事物的本质、事物的内部联系，是对事物的本质和规律的一种抽象，具有间接性和概括性；②概念的形成体现的是人的思维的一种特殊的能动性，是在实践基础上的一种“去粗取精、去伪存真、由表及里”进而形成概念及其体系的一种再创造；③概念对客观对象的反映包含人的目的，渗透着人的某种意志和愿望，体现人的本质力量，换言之，人们在实践基础上形成的概念并非毫无选择、漫无目标地反映所认识的对象，而只是去把握认识对象众多属性中能满足人们需要的属性；④概念是历史的、暂时的产物，只是标志着人们认识发展的特定阶段和水平，不是固定的、永恒不变的。

第三，概念作为对客观对象的反映形式不仅与其反映的客观对象是对立统一的，而且概念自身也是对立统一的，也充满着矛盾。也就是说矛盾是概念的

---

① 黑格尔著，梁志学译．逻辑学：下册［M］．北京：人民出版社，1975：543

② 黑格尔著，梁志学译．逻辑学：上册［M］．北京：人民出版社，1975：200

③ 中共中央马恩列斯著作编译局．列宁全集：第38卷［M］．北京：人民出版社，1975：210.

④ 彭漪涟．概念论——辩证逻辑的概念理论［M］．北京：学林出版社，1991：26－36.

本性，要把握概念这种思维形式的特殊本质，就必须把握其特殊的内在矛盾，进而才能进行辩证的思维。进一步讲，概念所包含的特殊矛盾主要表现为：①概念是主观性和客观性的对立统一；②概念是具体性和抽象性的对立统一；③概念是普遍性和特殊性的对立统一；④概念是确定性和灵活性的对立统一。

通过对概念理论的简单回顾，对概念这一思维形式可以得出以下结论：

首先，概念是反映客观事物本质属性的思维方式，但对概念这一思维形式有一个漫长的认识过程，先后经历了多个阶段，直到辩证唯物主义的马克思主义阶段才对这一思维形式有了辩证的、唯物的认识。进一步讲，辩证唯物主义的概念理论也是在继承和扬弃之后才形成和发展起来的。

其次，给我们今后的概念研究指出基本的方法和途径，那就是必须坚持辩证法和唯物论的密切结合，才能有正确的认识论。

最后，概念是对立统一的，是矛盾的统一体，是在特定时期、特定认识阶段、特定空间的矛盾统一体，所以对概念的研究，特别是对具体概念的研究，并不是一蹴而就的，而是一个不断去粗取精、去伪存真、由表及里的漫长认识过程。

**2. 会计概念的涵义**

会计概念是个复合词，由“会计”和“概念”复合而成，是反映客观会计事物本质属性的思维方式。也就是说，会计概念是对会计实践活动中各种客观现象本质属性的反映，如资金、财产、会计科目、会计凭证、会计报表等等。

有必要指出的是：在研究会计概念这一思维方式时，我们必须注意的是：①借助会计概念这种形式，人们就可以把会计事物和其他事物区别开来，并逐步把握会计事物的本质属性；②会计概念在反映会计事物本质属性的同时，也就反映了会计事物的内涵和外延；③会计概念是会计思维成果的结晶，而会计事物之间有不是孤立的、无关的，而是存在着普遍联系，这就构成了会计概念之间的关系；④要把握会计概念的运动发展，对会计概念的研究也不是一蹴而就的，而是一个不断去粗取精、去伪存真、由表及里的漫长认识过程；比如，会计学者们对资产这一会计概念的认识，就受到特定的经济环境、经济发展阶段、人们认识水平等因素的影响而呈现出对此概念认识的阶段性和有限性，对会计概念的认识也是一个不断继承和发展的扬弃过程。

### 2.1.2 “会计概念”与“会计的概念”之辨析

在明确了会计概念的涵义后，就有必要对“会计概念”与“会计的概念”做一辨析，以免在下文的论述中引起混乱。

首先，“会计概念”是指会计思维的一种方式，是会计人员探究会计实践的一种特定的思维方式。可以说，“会计概念”仅仅指这种思维方式本身。

其次，“会计的概念”是指“会计”这一客观会计事物的概念，其文字的表述反映的是会计人员认识“会计”这一客观事物的结果，是会计逻辑思维活动的结果，而不是思维本身。

最后，“会计的概念”反映的是“会计是什么”，表述的是会计这一客观事物的本质属性。是“会计概念”这一思维方式的一个具体运用。

当然，对于“会计的概念”具体是什么，为避免不必要的重复，在此不予讨论，而在后文中讨论。

### 2.1.3 会计概念与会计术语之辨

会计是一种经济管理活动，在会计工作中信息的交流是不可避免的。从语言学上讲，会计语言也是有一定的规律的，会计术语就是会计语言的结晶。简单地讲，会计术语就是通过语言或文字来表达或限定会计专业概念的约定性符号，是会计概念的一种语言学上的专业表达方式。也就是说，会计术语就是会计概念的语言学表述。其意义在于：

第一，会计概念是反映会计事物本质属性的逻辑思维方式，但会计信息的交流和传递不可能不遵循语言学的一般规律，否则会计概念就会失去必要的确指性和单义性的要求，所以会计术语实际上是给予会计概念一个确定的界限，也就是说，会计术语可以看成对于会计概念的语言学方面的限定。

第二，会计术语能使会计概念体系更协调和统一。实际上，有些会计概念不仅涉及本学科还涉及其他相近学科，所以对会计概念的语言学表述不仅要考虑本学科的实际，还要考虑其他学科已约定的术语现实。比如，“利润”作为会计概念和经济学概念在本质属性上是不同的，所以，有必要用“会计利润”这一会计术语来表述，这样会避免不必要的混乱。

第三，会计术语不仅是一国的，同时也是世界的。在经济全球化的今天，会计信息是一种通行的商业语言，会计术语的国际趋同也是一种必然的选择，其意义或者说优势在于这样会减少经济全球化的信息交流障碍以及便于国际商务活动。

第四，有利于国际会计界的交流和会计理论发展。有一个国际公认的会计术语体系，保持会计术语的稳定性和增强其可理解性，不仅有利于各国会计学者的交流，同时也可促进会计理论的发展。

### 2.1.4 会计概念研究的现状

在会计实践中，由于会计概念的基础性作用，人们时时刻刻都要使用会计概念。从此角度讲，会计理论和实践发展史就是一部会计概念研究的横断面。

“早在公元前3600年就已经有了反映经济业务的记录。某些会计概念可以追溯到希腊和罗马时代。例如，在公元初期，一个罗马建筑师就曾经指出，一个围墙的计价不仅应计算围墙的价值，还要每年扣减其价值的1/80。”① 可见，在这个罗马的建筑师眼里已有朴素的折旧概念。

再比如，在中国古代很早就有对“会计”这一概念的论述。会计一词最早出现在可能由战国时代儒家汇编的《周礼》一书中②，“凡在书契版图者之贰，以逆群吏之治，而听其会计”，在这里“会”和“计”都有计量方面的含义；在清代焦循的《孟子正义》中，会计被解释为“零星算之为计，总合算之为会”。

在14世纪有关复式簿记的论述中，卢卡·帕乔利就提出了诸如账户等最简单的一些基本概念。③ 在现代，1948年美国会计学会发表的《编制会计报表所使用的会计概念和准则》中就已经使用会计概念；美国注册会计师协会有下设

① 陈今池．现代会计理论概论［M］．上海：立信会计出版社，1993：23.

② 范文澜．中国通史简编［M］．北京：人民出版社，1964：213－214.

③ 魏明海，龚凯颂．会计理论［M］．大连：东北财经大学出版社，2001：65.

的会计名词委员会，1953—1957 年就曾经发布过四项《会计名词公告》（Accounting Terminology Bulletins）；FASB 的会计概念框架研究也是会计概念研究的集大成者，提出了以会计目标为逻辑起点。

在当代中国，对会计概念的专门研究是从 20 世纪 80 年代开始的。天津财经大学博士生导师于玉林教授在其《现代会计方法学》① 中，用一章的篇幅从现代会计方法运用的角度，对会计概念做了系统的论述。

当然，各国的会计准则，特别是基本会计准则也是会计概念研究的结晶。比如，FASB 的财务会计概念框架、我国财政部颁布的企业会计基本准则等都是会计概念研究的集中体现。

以上事实表明，会计概念的研究由来已久，取得了丰硕的成果，但尚有不足之处：一方面，从研究的内容来看，研究具体的会计概念多，而对会计概念的基础性研究少；另一方面，从系统的角度讲，研究如何构建会计概念体系的多，但从逻辑角度分析建立前后一致、思维流畅的会计概念体系的少。

究其原因主要为：第一，从会计实务的角度看，会计工作者不重视会计概念思维的规律。从新中国成立到改革开放这段时间的会计规范体系来看，企业或相关经济组织的会计工作只要遵守分行业、分所有制的会计制度即可，在制度之外给予企业选择的空间极小，这和该阶段的公有制经济占主体的经济环境也是适应的。此时的会计工作人员基本不需要会计逻辑思维，只要熟悉会计制度即可，这就造成了一定的路径依赖。第二，从会计研究的角度看，会计概念的研究未重视建立一种符合逻辑思维理论的范式。所谓范式是指在某个领域公认的标准模式。库恩在其《科学革命的结构》中指出：放眼于科学发展的历史，当科学进入稳定时期，就应该形成一套“范式”，实际上是一套理论、方法和概念体系。但从目前会计学术界概念研究的现状看，概念混乱、定义模糊等弊端屡见不鲜，究其原因就是缺少逻辑规范范式的训练和熏陶，继而忽视或无视规范研究方式的建立和遵循。

① 于玉林．现代会计方法学［M］．上海：立信会计出版社，1997：366.

### 2.1.5 会计概念研究的意义

会计概念的研究具有重要的意义，在西方会计发达国家很早就开始研究会计概念。比如，1948 年美国会计学会发表的《编制会计报表所使用的会计概念和准则》中就已经使用会计概念。一般来说，发达国家的会计专业团体下设立会计名词委员会专门研究会计观念，如美国注册会计师协会下的会计名词委员会，它的研究成果以《会计名词公告》（Accounting Terminology Bulletins）形式发布。以上事实从一个侧面说明会计概念在会计理论中占有重要的地位。笔者认为，会计概念研究的意义主要表现在以下几点：

**1. 会计概念在会计思维中的地位决定了会计概念研究的基础性作用**

会计概念是会计思维方式的一种，它的特点在于：它是对客观会计事物的科学抽象，是对客观事物的能动性、创造性反映，它体现了人的思维的本质力量。具体而言，会计概念作为对会计客观世界的独特反映，乃是从个别中抽取一般的和本质的东西而形成的思维形式，在这一过程中，去掉了它的假象、外在性和虚无性，去掉了其非本质的、偶然的、个别的特征而保留其一般的、本质的东西，因而使我们对事物的认识更深刻、更正确、更全面，可以说这是一种化繁为简、去伪存真的过程，而这恰恰是会计思维的起点。有了正确的会计概念，随后的会计判断和推理才有了思维的载体，才会有一脉相承的严谨，才会有科学的思维。所以从这层意义上讲，科学有效的会计思维实质上是概念思维。因此，一个科学的、逻辑的理论体系首先要有一个科学的概念体系。

实际上，任何一个会计概念的形成都是会计知识的科学总结，会计概念的形成同时也巩固了人们的既有知识，从这一角度讲，会计理论的发展历史实质上也是一部会计概念的发展历史。因此，可以说，如果没有对各个会计事物的本质认识并在此基础上形成体系化认识，就不可能形成正确的会计判断和推理，也就不可能有正确的会计理论和方法，进而也就没有了高水平的会计实践。可见，正是会计概念在会计思维中的地位决定了会计概念研究的基础性作用。

**2. 会计概念有摹写会计实践的作用**

如果说，会计概念研究的基础性作用是从会计思维和会计知识总结的角度出发的，那么会计概念对于会计实践所起的作用就是摹写作用。

会计概念摹写会计实践是指会计概念对会计客观现实的反映。一个简单的会计客观现实的例子是：

某一会计主体出售商品 5 件，获得 1000 元现金，其后存入银行。在这个看似简单的经济业务中，却蕴含着丰富的会计客观现实：①商品减少，现金增加；②销售收入增加，销售成本增加；③现金减少，银行存款增加；④出现缴纳相关税金的义务；⑤有可能实现净利润；⑥有可能有向股东支付股利的义务。不难想象，如果没有会计概念的摹写功能，对上述 6 项会计客观现实的描述将异常的冗长、繁杂且容易让人误解、失去重点。

或者可以说：在这里运用了会计概念来摹写会计实践，分析的思路是何等的清晰，资金的运动轨迹一览无余，经济业务的后果凸显。进一步讲，正是因为会计概念的抽象和概括功能才使得我们的会计实践简单化和程序化，是会计概念间的这种由此及彼、环环相扣的联系才能使我们规划和设计出有效的会计循环的流程。不难想象，如果没有正确的会计概念和有效的会计概念体系，我们的会计实践将不可避免地陷入混乱。

**3. 会计概念是构建会计理论和会计学科的基石**

前已述，会计概念是会计知识的总结，但有了科学的会计概念未必有科学的会计理论，这是因为某个会计概念只是会计理论这张“大网”上的某个节点，科学的会计理论首先必须有科学的会计概念体系，这些节点互相联系、互相作用才能使会计理论知识有条理、成体系，这样形成的会计理论才能在科学的、有实质涵义的会计概念之鼎力相助下起到认识、指导、教育和预测等功效，否则只是松散的、混乱的知识堆积，对会计实践是十分有害的。

# 2.2 会计概念的源泉及其发展

## 2.2.1 会计概念的源泉：会计实践

### 1. 会计概念的实践本源性

会计概念是探究会计事物本质属性的特定思维方式。其源泉是什么？从系统论的角度讲，会计思维系统是一个由思维主体、客体和软件构成的有机整体，会计概念作为会计思维这一系统输出的成果，本身是对客观会计事物的理性反映，所以从这层意义上讲，会计概念的本源是会计实践。

在这里，尤其要指出的是：会计概念的会计实践本源性是马克思辩证唯物主义认识论的一个应用。马克思辩证唯物主义认识论认为物质是第一性的、意识是第二性的，表现在会计概念上就是会计实践是第一性的、会计概念是第二性的，会计概念的形成和发展都离不开会计实践这一基础。

首先，会计概念作为反映会计实践本质的思维形式，它的形成是会计人员对客观会计事物长期认识和思维的结果，而对于任何会计事物，只有当它成为会计人员实践的对象的时候，才能成为会计人员认识的对象，由此，会计人员才能从纷繁复杂的会计事物对象中把它和其他的会计认识对象区别开来。也就是说，关于某一会计事物的概念的产生，都是以在会计实践中多次反复作用于该对象为基础的。正是从这层意义上，恩格斯说：“人的思维的最本质和最切近的基础，正是人们所引起的自然界的变化，而不是单独是自然界本身。”①

其次，会计实践的局限性在一定程度上决定会计概念的认识深度。会计实践是丰富多彩的，在人类进入21世纪的今天，由于历史、经济和人文等原因，

---

① 中共中央马恩列斯著作编译局．马克思恩格斯选集：第三卷［M］．北京：人民出版社．1972：551.

世界各国会计实践的深度和广度也不一，由此也会带来对某一会计概念认识的不一抑或认识深度的不一。

一个简单的例子是：对会计目标的认识。实际上，各国会计目标的定位反映了不同国家的经济和政治环境的差异。众所周知，美国是资本市场发达的西方会计大国，相对于 FASB 会计目标的界定，英国会计筹划委员会①（Accounting Standards Steering Committee）在《公司报告》中更加关注被用来改善社会和社会经济福利的财务报表。就英国和美国在会计目标定位上的差异，美国著名会计学家贝克奥伊指出："如果不考虑英国和美国两者之间经济和政治环境的不同，将《公司报告》和《特鲁布拉德报告》中的研究结果和建议进行比较是得不出结果的。"②

最后，会计人员的思维能力、抽象概括能力的发展都离不开会计实践。一方面，会计人员的思维能力、抽象概括能力是会计实践不断走向丰富的内在需要，也就是说经济的不断发展对会计实践提出了更高的要求，经济的发展客观上要求会计人员思维的产生和进步；另一方面，在会计实践中，会计人员长期的思维训练也促进了其会计思维能力和抽象概括能力的发展。

具体而言，会计概念的会计实践本源性主要表现在：①反映新的会计实践。在不同的经济历史时期，会计实践的水平和特征是不一的，就会表现在会计概念的认识水平、时代特征等。比如，在金融经济时代，人们关注资产的流动性，关注资产在不蒙受重大损失的情况下迅速变为现金的能力，所以才有了可变现净值的会计概念。在资产的计价上，特别在流动资产（如存货）的计价上，可变现净值的会计概念是充分反映会计实践的。②会计实践创造形成会计概念的条件。会计实践的丰富性，是形成新的会计概念的先决条件。也就是说，只有在丰富的会计实践中，人们的会计思维才能得以开阔、发展。比如，在 21 世纪交替时期，在世界范围内出现的几起会计舞弊案件，如美国的安然、世通和中国的银广夏等使人们重新审视会计的价值，使人们重新审视会计准则的合理性，各国的会计学者在反思中、在此丰富的会计实践中才产生了会计准则原则导向

① 后来会计筹划委员会更名为会计准则委员会（Accounting Standards Committee）。

② 贝克奥伊．会计理论［M］．上海：上海财经大学出版社，2004：144.

和规则导向的会计概念。③会计实践产生新会计概念的萌芽和雏形。比如，会计实践为回应企业管理实践中对人力资本等无形资产的重视，才有了人力资源和人力资本等新会计概念的萌芽和雏形。④会计实践促进会计概念的发展，同时验证会计概念的科学性。会计概念来源于会计实践，会计实践的发展和变化是促使会计概念发展的动力。同时，一个会计概念是否科学，也应该通过会计实践的检验才能完成。

**2. 探求会计概念实践本源性的意义**

探求会计概念的实践本源性有如下意义：

（1）可以正本清源，厘清会计思维的客观性

会计思维不是会计人员的纯主观的产物，而是会计人员在长期的会计实践中逐步形成的。会计实践是会计认识的基础和源泉，人们对会计的认识并不是天生就有的，而是先有表象的、片面的感性认识，继而在不断循环的会计实践中除旧纳新、去伪存真而形成理性认识，继而才有了理性认识的成果——会计概念。所以，我们要时刻记住会计概念的源泉是会计实践，只有承认会计概念的客观性，才会使我们的会计思维路线不至于迷失其客观性的方向，同时也是会计理论从实践中来到实践中去的进一步深化。

（2）会计概念的客观性，有助于我们认识会计概念思维的有限性和时代性

会计实践是会计概念形成的客观基础，但不同的经济时代、地域环境、政治环境等因素会极大地制约我们对客观会计事物本质属性的探索，进而会影响我们对某一具体会计概念本质属性的把握，所以从这一点上分析，会计概念富有鲜明的时代特征。在不同的经济历史发展阶段，我们不可避免地带有一定的有限性，也只有这样才是历史唯物主义的会计观。

（3）承认会计概念的客观性，有助于我们检验会计概念

对会计概念的检验实质是指我们是否正确地把握了客观会计事物的本质属性，只要承认会计概念从会计实践中来，那么它的检验过程也必然是到会计实践中去。只有这样才是辩证唯物主义的会计观，从而更好地预测和指导会计实践。

但我们有必要指出的是：有了客观存在的会计实践，会计概念并不是必然

会产生，而是要依靠会计人员的主观能动性。只有会计人员对会计实践有全面、深入的认识，经过大量的实践，才能从感性认识上升到理性认识，才能形成科学的会计概念。在这个会计概念形成的过程中，我们要把握的是：第一，会计概念的认识对象是会计实践，是客观存在的会计事物；第二，在明确了会计概念的认识对象后，就应该大量地收集资料，获取对会计事物的感性认识；第三，在感性认识的基础之上，运用逻辑学的概念理论，进入理性认识，形成会计概念。

### 2.2.2 会计概念的形成和发展：两个阶段

会计概念来源于会计实践，但会计概念的形成不是一蹴而就的，而是有一个形成和发展的过程：

**1. 会计概念的形成过程**

在会计实践中，会计人员会积累大量的感性材料，而这些充分而详尽的感性材料的积累乃是概念形成的必要前提。但是，如果仅有这些感性材料而缺乏对其进行充分的思维加工，那仍然不可能形成概念。这是因为，本质和现象、普通和特殊、抽象和具体等都有着质的差别。因此，从直观表象到抽象概念乃是认识上的飞跃和质变，不完成这个飞跃和质变，就不可能有概念的产生。至于飞跃和质变，一般有两种形式，一种是物极必反的形式，即事物发展到极端，导致矛盾双方破裂而产生飞跃；另一种形式是在保持动态平衡的条件下，对立双方互相转变，不导致矛盾破裂而产生飞跃。人的认识过程一般属于后者，从生动的直观到抽象的思维、从感觉到概念的飞跃，就是在保持平衡的条件下实现的。当然，这里的飞跃不能简单地看成一次完成的，而要看成一个辩证的发展过程。这里恰当的例子是：资产概念的形成。

人们对资产概念的形成是一个漫长的过程。起初，人们认为资产只局限于日常看得见的有形财产，比如一栋房屋、一辆马车等。在人们眼中资产首先应该是有形的、是摸得着、是看得见的；其次具有一定的使用价值进而有一定的经济价值，比如房屋能够居住、马车能扩大人们的驰骋天地等；最后是主体所拥有的。随着经济的发展，人们逐渐认识到：不仅仅有形的资产能给占有者带来一定的经济利益，一些无形的资产同样也具有能带来经济价值的特征。于是，在人们的思维活动中就产生了对以往思维定式的冲突，这种自我平衡意识的发展就相关地产生了对资产认识的一次质的飞跃或改造，进而循序渐进地产生了今天人们对资产本质属性的共识：一定主体拥有或控制的、能够预期带来一定经济利益的资源。

也就是说，在会计概念的形成过程中，其认识的步骤一般表现为：

首先，在大量感性材料的基础上，在会计事物或过程中以最纯粹的形态来进行研究和考察。比如，在上述例子中，是在大量的有形资产的基础上总结资产的最纯粹的一面，即拥有、带来经济价值、有形。

其次，随着会计实践范围扩大和不断深入，最纯粹的特征逐渐让位于本质属性。当然，这个过程是在会计人员认识水平的不断进步和思维能力的增强下进行的，也就是说，二者的平衡发展促进了会计概念本质属性逐渐显现。比如，有形并不是资产的本质特征，一些无形的资产同样具有能够带来经济价值；在拥有之外，控制的经济资源同样也具有带来经济利益的功能。会计人员在不断丰富的会计实践中，在不断加强的思维实践中，不断地修正对某一会计概念本质属性的界定。

最后，形成科学的会计概念。众所周知，认识某一会计概念的本质属性并不是一蹴而就的，对会计概念本质属性之认识也是多角度的，不同的认识和思维角度会使人们认识到不同的本质属性。比如对资产的认识，从是否拥有（控制）、能否带来经济利益等方面就能认识到不同的本质属性，综合一个会计概念多方面、多角度的本质属性的过程就是科学会计概念形成的过程，这种多本质属性的结构构成一个有序、有机的统一体系而形成科学的会计概念。

**2. 会计概念的发展阶段**

会计概念的形成并不是会计概念的终结，承认会计概念的发展和运动是辩证唯物主义的认识论，具体表现为：

第一，抛弃旧概念。在这里“抛弃”是指随着会计人员认识水平的提高和经济的发展，曾经使用或界定的旧概念逐渐暴露出其不合理性，必须舍弃之。

比如，在计划经济时代普遍使用的固定基金（如更新改造基金，该基金有专门的归集方法和使用用途）的概念，就随着中国社会主义市场经济的发展而愈来愈不适应企业经济发展的需要，计划经济时代那种在企业内部将资金“画地为牢”的管理模式和方法并不适应市场经济发展的要求，因此必须抛弃之。

第二，改造旧概念。在这里“改造”是指根据新情况、新知识对旧概念进行补充和修正。比如上述资产概念的认识过程就是概念改造的过程。再比如，人们对企业利润的认识，从单纯的收入扣减费用，而发展到全面收益的概念就是一个改造旧概念的恰当注解。

第三，提出新概念。这是指随着会计人员的研究领域的扩大和研究深度的加深，已有的会计概念不足以说明和解释新的会计事物和现象，这时就必须提出新的会计概念。

在这里，又表现为以下几种情况：①会计实践中出现的前所未有的新现象。比如，在 20 世纪末，随着资本市场融资比例加大、上市公司占各国 GDP 比例的上升、企业管理层薪金和企业市值的挂钩、会计人员职业判断水平不一、企业可选会计政策的多元化等因素的影响，出现了会计信息失真的不良习气，如何评判会计信息的真假、管理层的盈余管理是证券市场乃至会计职业界、学术界的一个热点问题，为此，一些学者提出了“会计舞弊”的新概念。②对一些早已存在而未被发现之会计现象的深度挖掘。比如，人力资源和人力资本的会计概念。从人类经济发展的历史上讲，不同水平的管理者在占有相同的经济资源的基础上会产生截然不同的经济利益，这种现象是长期存在的，这也是很多经济题材的电视剧着力渲染的重点。从清末的红顶商人胡雪岩、《大宅门》的白景琦，到现代的《我是如何弄垮巴林银行的》的作者里森和中海油的高管等，都无一例外地彰显出人力资源的经济价值，从经济投入的角度讲也就表现为人力资本。这种现象是长久存在、由来已久的，只是我们很遗憾地徐徐发现，而未予尽早重视而及时地设计约束与激励的相应机制，以至于在我国经济舞台上出现了多次出现让人痛心的“59 岁经济现象”。所以说，从这层意义上来说，会计研究的深入和水平的高低是多么的重要，不仅是一个促进经济发展的经济管理工具，也是一个“以人为本”的象征。

## 2.3 会计概念的内涵、外延、类型及其关系

### 2.3.1 会计概念的内涵与外延

**1. 内涵**

如前文所述，概念是反映思维对象本质属性的思维形式。在概念一词之前加上了“会计”这一限定词，实际上就规定了“会计概念”研究的特定范围，即反映会计领域客观事物的本质属性；也就是说，这里的“会计概念”是反映会计领域客观事物特有属性的思维方式，即如同本书中将在下文中多次提及的会计判断和会计推理一样，是一种会计思维的具体方式，而不是指“会计”这一客观会计事物的概念。

在这里要解释的是：何谓属性与本质属性。属性是对象自身的性质和其他对象之间的关系，如性能、上下、大于、小于等。也就是说，思维对象的性质和与其他对象的关系都是思维对象的属性。但在事物的属性中，有本质属性和非本质属性的区别。本质属性是决定一个事物之所以成为该事物并使其与其他事物相区别的属性，也就是说本质属性是在两相对比、区分中起决定作用的属性。

在这里，一个恰当的例子是：人和猿都是四肢动物，有四肢是这两类动物共同具有的属性，但人还有“有语言、会思维、能制造和使用生产工具”这一个本质属性，这是猿类动物不具有的属性，也就是说是本质属性使得多个客观事物得以区分。所以，从这个角度讲，要认识事物（包括会计领域的客观事物）就必须抓住事物的本质属性。

同时，在这里有必要指出的是：一个事物概念的形成是一个逐渐深化的过程，也就是对事物本质属性的认识是一个逐渐深化的过程。在一定的时间和空

间的特定环境下，对事物的认识往往是阶段性的，对事物本质的最佳把握也是和特定的环境和人的认识水平相关的，是相对和绝对真理的辩证统一。

综上所述，会计概念是反映会计领域客观事物本质属性的思维形式。这里的本质属性也就是逻辑理论上通常所讲的概念的内涵，会计概念的内涵就是会计概念意欲反映的事物的本质属性。对会计概念内涵的研究要时刻把握以下三点，将有助于我们全方位、多角度和多层次认识会计概念内涵。

（1）会计概念内涵的多方面性

会计概念内涵是某一个或一类会计领域客观事物的本质属性，但本质属性是多方面的、多角度的。也就是说同一概念在不同的方面存在着不同的内涵，或者说是构成这个概念所有属性的总和。

（2）会计概念内涵的层次性

从系统论的观点来看，世界万物不论大小、多寡，无不是一个系统，系统无处不在。具体到概念内涵也是一个系统，那么就有必要研究一下概念内涵这一系统的结构。

实际上，同一概念在不同的方面有着不同的内涵，或者说事物的本质属性是多方面的，但不同方面的本质属性也是有一定层次和主次之分的，在逻辑学称之为特殊本质属性和共同本质属性①。前者是指某一（类）对象具有而其同类（同属一类）的其他对象不具有的本质属性；后者是指某一（类）对象和其同类的其他对象共同具有的本质属性。

在这里，一个比较恰当的例子是：无形资产的内涵②。

2006 年，我国颁布的《企业会计准则》将无形资产定义为，“无形资产是指企业拥有或者控制的没有实物形态的可辨认非货币性资产”。

仔细分析该概念的内涵，其多角度性表现为：①资源性。从会计上讲，无形资产是一种资产，即必须符合资产的定义所要求的规定性，亦即符合资产的本质属性——由过去的交易或事项形成的、为企业所拥有或控制的、预期能够

① 谢新观等．经济逻辑学［M］．北京：中央广播电视大学出版社，1988：22－24.

② 代金宏，曹彦栋．试论无形资产及其要素——对《企业会计准则第 6 号——无形资产》的逻辑解读［J］．现代会计，2006（04）：36－39.

带来未来经济利益的资源。简而言之，无形资产首先必须是一种经济资源，具有资源性。②垄断性。无形资产的垄断性，即为特定主体所占有。无形资产是由特定企业拥有或者控制的，所有人享有所有权，不容他人侵犯。这点在资产的定义“资产是指企业过去的交易或者事项形成的、由企业拥有或者控制的、预期会给企业带来经济利益的资源”中由“由企业拥有或者控制的”的表述予以体现。③无形性。从逻辑上讲，资产是一个集合概念，在资产集合内部从资产有无实物形态的角度来认识资产个体的特殊性和个别性，便使资产集合分为有形资产和无形资产两类，前者以有形性为其本质属性，相应地后者以无形性为其本质属性。④非货币性。从会计上讲，货币性资产主要包括现金、银行存款、应收账款等，其共同特点是直接表现为固定的货币数额，或者将来收到一定货币数额的要求权。规定无形资产的非货币性实际上是将货币性资产排除在无形资产之外。从逻辑上讲，在资产这一集合概念内部从资产是否可以表现为固定的货币数额的角度来认识资产个体的特殊性和个别性，便使资产集合分为货币性资产和非货币性资产，前者以货币性为其本质属性，相应地后者以非货币性为其本质属性。⑤可辨认性。从是否可辨认的角度看，可辨认性也是本质属性。①

另一方面，其概念内涵的层次性表现为：①是一种资产，有资源性和独占性属性。②与货币性资产相异的，有非货币性属性。③与不可辨认的资产相异的，有可辨认性属性。④与有形资产相异的，有无形性属性。此递进关系实际上也就是无形资产概念内涵的系统结构。

（3）会计概念内涵认识的渐进性

在前文中也提及，对会计概念内涵的认识是一个渐进的过程，而不是一蹴而就的。对某个会计概念的认识往往要经过长时间的反复、否定之否定。也就是说，对概念内涵的认识只是在特定时空下的相对真理，随着时空的演进和人们认识水平的提高，对概念内涵的认识必将走向深化。例如，美国会计学者和相关专业团体对资产概念的内涵界定：

---

① 有必要指出的是，对无形资产而言，前两个属性是资产类共同本质属性，后三个属性是特殊本质属性。

第一，最先试图对资产做出全面定义的是美国著名会计学者约翰·B·坎宁。1929 年，他在其所著的《会计经济学》中指出：“资产是指任何货币形态的未来服务或任何可转换为货币的未来服务（对于那些由合同而明确的未来服务而言，要扣除合同双方都未履行的部分），它对某人或某批人的受益权具有合法保障，并且这种服务只对某人或某批人有用才成为资产。”① 可见，在坎宁看来，资产就是一种有用的未来服务。

第二，1957 年，美国会计学会认为：“资产是一个特定的会计主体从事经营所需的经济资源，是可用于或有益于未来经营的服务潜力总量。”② 可见，资产是一种经济资源或服务潜力。

第三，1953 年，美国注册会计师协会所属的会计名词委员会颁布的第一号《会计名词公告》认为：“资产是由借方余额所体现的某种东西。这一借方余额是按照会计原则或规则从结平的各账户结转过来的，前提是这种借方余额不是负数。作为资产，它代表的或者是一种财产权利，或者是所取得的价值，有的则是为取得财产权利或为将来取得财产而发生的费用支出。”③ 可见，该概念是从资产在账务处理中的特征出发总结出来的，认为资产可能是财产权利、取得的价值或相关的费用支出。

第四，1962 年，美国注册会计师协会所属的会计研究部主任穆尼茨等发表的《会计研究论丛》第三号——《企业普遍适用的会计准则》，指出资产是“一种可能的未来经济利益，是企业作为现代或过去交易的结果所取得的权利”。④ 可见，资产是未来经济利益或权利。

第五，1970 年，美国注册会计师协会所属的会计原则委员会发布的第四号公告提出：“资产是按照公认会计原则确定和计量的企业经济资源，资产也包括某些虽不是资源但按照公认会计原则确认和计量递延费用。”⑤ 可见，资产是

① John B · Canning, “ The Economics of Accounting——A Critical Analysis of Accounting Theory ” , The Ronald Press Company 1929：22

② AAA, Accounting and Reporting Standards for Corporate Financial Statements1975 Revision：3

③ The Committee on Accounting Terminology, Accounting Terminology Bulletin, No. 1 , 1953：26

④ M · Moonitz, A Tentative set of Brood Accounting for Business Enterprises, ARS No. 3, 1962：8

⑤ APB Statement No. 4 , Basic Concepts and Accounting Principles Underlying Financial Statements of Business Enterprises , 1970：132

企业的经济资源与递延费用。

第六，1987 年，美国财务会计准则委员会认为："资产是可能的未来经济利益，它是特定个体从已经发生的交易或事项所取得的或加以控制的。"① 可见，该概念突出了取得或控制，第一次指出控制的未来经济利益也是资产的一种。

从上述列举的有关资产定义中，我们不难发现对资产内涵认识的辩证过程。也就是说，在特定的时空节点上，人们的认识都是阶段性的，我们有理由相信随着经济的发展、科学技术的日新月异、管理水平的提高，对资产内涵的认识将更深入、更全面。以此类推，我们认为要用发展的眼光，方可真正认清会计概念的本质属性及内涵。

**2. 外延**

如果说，概念内涵规定了概念质的方面，那么概念外延就是规定概念量的方面。所谓概念的外延是指反映概念分子范围的规定，即概念的数量范围，它包括哪些对象。对数量范围的理解有两方面：一方面是指会计概念所包含的各个个体的总和，另一方面是指会计概念作为一个整体时的各个组成部分的总和。有时候我们称之为成分外延。

前者比如，无形资产的外延包括：专利权、发现权、科学技术进步成果权、植物新品种权、专有技术、经营秘密、商标权、商号、地理标志、著作权、集成电路布图设计权、特许权、土地使用权、商誉和人力资源等 15 种要素②。后者比如，固定资产作为一个整体时，汽车类占 10%，房屋类占 50% 等等。

另外，要特别指出的是：一个客观事物的质和量是相互依存的，没有无质之量，也没有无量之质，两者是辩证的统一。

**3. 会计属种概念间内涵和外延的反变规律**

正如前文所述，会计概念的内涵有多少之分，会计概念的外延有大小之别。比如，对资产和无形资产这两个概念而言，一方面，无形资产的内涵就比资产

① 美国财务会计准则委员会著，娄尔行译. 论财务会计概念［M］. 北京：中国财政经济出版社，1992：116.

② 于玉林. 无形资产概论［M］. 上海：复旦大学出版社，2005：130 - 142.

的内涵丰富得多，它在具有资产的共同根本属性的同时，还有自己的特殊本质属性，也就是说就概念的内涵而言，无形资产比资产要多；另一方面，就概念的外延而言，资产的外延却比无形资产的范围要大。综合起来看，如果 A 概念比 B 概念的内涵少而外延大，那么 A 概念就是属概念，B 概念就是种概念。也就是说，资产是无形资产的属概念，无形资产是资产的种概念。进一步讲，作为属概念的资产的内涵少而外延大，作为种概念的无形资产的内涵多而外延小，也就是说在属种概念之间存在这种“内涵和外延的反变规律”，即概念的外延大，则其内涵少。反之，概念的外延小，则内涵多。

### 2.3.2 会计概念的类型

为更好地理解会计概念，有必要研究会计概念的类型。会计概念的类型是根据会计概念的逻辑性质所进行的分类。它有以下几种类型：

**1. 单独会计概念和普遍会计概念**

这种分类是根据外延的大小进行的。单独会计概念是指只有一个分子对象（类）的会计概念，它的外延只有一个分子。从会计语言表达上一般表现为含义特定的专有名词，如狭义的“现金”，就是指会计主体所存的流通中的现钞，而不包括其他。

与单独会计概念相对应，普通会计概念是指反映有若干个分子对象（类）的会计概念，它的外延至少有两个。比如，“资产”就是个普通会计概念，它不仅包括无形资产，还包括有形资产。

**2. 集合会计概念和非集合会计概念**

根据会计概念是否反映对象（类）的集合体把会计概念分为集合会计概念和非集合会计概念。前者是指把一类对象作为集合体来反映的会计概念。比如，资产相对于无形资产、有形资产而言就是一个集合会计概念，在这样一个分析框架中无形资产和有形资产的个体特征被完全地抽象，而是以集合体的方式来反映其属性。实际上这也是此类分类的意义所在。

相应地，非集合概念是不把一类对象作为集合体来反映的会计概念，非集合体是指由若干特殊的子类或个别的分子组成。简单地说，它代表的不是以类别出现的客观会计事物，比如“商誉”。所以，这就要求对此种会计概念要做个别的分析。

**3. 肯定会计概念和否定会计概念**

根据会计概念是否反映客观会计事物及其属性，会计概念分为肯定会计概念和否定会计概念，有时我们也称之为正会计概念和负会计概念。前者用确定的方式规定某一个或某一类客观会计事物具有某种属性；反之，用否定的方式来规定某个（某类）客观会计事物不具有某种属性。在会计实务中我们就经常使用这种分类方式。在笔者看来，这种分类方法是用对比的框架来理解特定会计概念的本质属性。比如就研究资产的流动性这一属性而言，把资产分为现金资产和非现金资产就可以突出现金资产的高流动性；再比如在外币报表折算的实际工作中，需将资产负债表项目分为货币性项目和非货币性项目使用不同的折算汇率时，这种分类就显得尤为必要。

**4. 具体会计概念和抽象会计概念**

如果从会计概念是反映客观会计事物本身还是属性的角度来分析会计概念，会计概念又可分为具体会计概念和抽象会计概念。前者反映会计事物本身，后者反映会计事物的属性。一个简单的例子是，“现金”是具体会计概念，而“非现金资产”为抽象会计概念。

### 2.3.3 会计概念间的关系：普遍联系和发展运动

会计思维对象之间是普遍联系的，这种关系主要表现在两个方面，即动态与静态两方面：

**1. 动态**

从运动的角度讲，会计概念间的关系反映在会计概念内涵上，不同的会计概念在一定的条件下是相互转化的，是普遍联系和绝对的。一个会计概念不同于其他会计概念，其表现就是内涵的不同，但同时各个会计概念又不是截然分开的，而是普遍联系的。比如，资产和负债这两个会计概念，从表面上看似乎是毫不相干的，但它们在一定的程度上是普遍联系和相互转化的。

请看如下经济业务：某企业为购进商品从银行借款 100 万元，期限一年；

一年后，企业归还银行贷款 100 万元，并支付利息 10 万元。

在这笔经济业务中，企业发生了借款业务。一方面，表现为企业的银行存款增加 100 万元，同时流动负债增加 100 万元。也就是说，在这笔经济业务中企业的资产和负债是同时增加的，这种资产和负债一一对应的关系就表现为该项业务中的资产和负债这两个会计概念之间的关系，即在取得 100 万元资金所有权的同时，实质上企业同时负有在 1 年后还本付息的义务，这就是在会计学科教学中大家经常所说的“有借必有贷，借贷必相等”背后的会计概念内涵之间的联系。进而言之，企业在一年后的还本付息，产生 10 万元的财务费用①，此时资产减少的 110 万元不仅和负债发生联系，同时又和费用发生了联系，也就是说在此看似简单的经济业务中，经济业务发生的实质是会计概念的普遍联系，表现为会计概念在一定的条件下会发生相互转化。

实际上，会计概念内涵上的联系伴随着经济业务的发生而呈现永恒性，可以说是动态的联系，这种会计概念间的联系是普遍存在，是绝对的。当然，这里的经济业务包括交易、事项等情况。

**2. 静态**

从静态的角度讲，会计概念间的关系反映在会计概念的外延上，是相对的，表现为概念外延之间的同、异、交、含等关系，是相对的。从静态的角度考察会计概念，在内涵的规定下，每个会计概念都有其确定的外延，两个会计概念在外延方面就会呈现出两大类，第一类为相容关系，细分又包括全同、包含和交叉关系；第二类为不相容关系。以下分述之：

（1）全同关系

人们认识会计客观对象的角度不同，就会对会计客观对象的本质属性抽象产生认识差异，反映在概念的内涵上就表现为内涵的多样性和层次性（这一点我们在前文的概念的内涵分析时已经做了较深入的分析）。也就是说，有时会出现对同一客观会计事物可以从不同的角度对其本质属性做出规定，因此从会计概念的内涵上说，由于它们考察会计事物的角度不同，进而抽象出的本质属

① 为简单起见，假定企业在借款到期时确认财务费用。

性也就相异，即内涵不同，进而给予不同名称的会计概念，但这并不影响他们在外延上的一致，此时这两个概念之间的关系就是全同关系，在使用时是可以相互替代的。

这样的例子在会计中很多，这里仅举两例：账面盘存制和永续盘存制、权责发生制和应收应付制。

（2）包含关系

如果一个会计概念把另一个会计概念的外延完全包括在它自己的外延中，那么它们之间的关系就是包含关系，也称属种关系。其中，包含其他会计概念的、外延大的会计概念被称为属概念，外延小的被别的会计概念包含的会计概念被称为种概念。

在这里必须指出的是：会计概念之间的属种关系和严格意义上的整体和部分的关系是有区别的。属种概念之间，在内涵上，种概念的内涵一定会包含属概念的内涵，即种概念的内涵更丰富；在外延上，属概念的外延一定会包含种概念的外延。比如，资产和流动资产这两个会计概念就是包含关系，前者是属概念，后者是种概念。再比如，流动资产和现金这两个概念也是包含关系，前者是属概念，后者是种概念。而严格意义上的部分并不具有整体特有的属性，部分一般只是整体的物理组成部分，比如，汽车和方向盘之间就是整体和部分的关系，后者只是前者不可分割的组成部分，但后者又不具有前者特有的属性。

（3）交叉关系

如果两个会计概念在外延上有一部分相同，而另一部分不同，那么这两个会计概念外延方面的逻辑关系就是交叉关系。比如，流动资产和货币性项目的关系就是交叉关系，其中银行存款就是两者之间的交叉部分之一。

（4）不相容关系

如果两个会计概念在外延上完全不相同，则称它们的逻辑关系为不相容关系，也称全异关系。例如，现金和固定资产、流动负债和长期负债等。

有必要指出的是：当两个概念是全异关系时，按照它们是否有共同的属概念又可作进一步的分析。比如，在现金和固定资产、流动负债和长期负债之间，资产、负债分别是它们共同的属概念，那么它们之间的关系是一种并列的全异关系，也就是说它们全异，但只是一个属概念下的两个不同的种概念，之所以全异是因为它们之间的种差，即两个种概念的本质属性的差异。相应地，如果两个全异的会计概念之间没有共同的属概念，则称之为非并列的全异关系，比如银行存款和长期负债。

综上所述，会计概念之间的关系可从动态和静态两方面认识，这符合马克思主义辩证唯物主义“运动是绝对的、静止是相对的”的认识论。所以，我们在会计工作中不要孤立地看问题，尤其对于会计概念的认识，既要看到它静止的一面，也要看到它运动的一面；既能看到会计概念在内涵上运动的规律，同时也要注意其在外延上的差异。

比如，对于负债的认识，所谓负债是一个会计主体在某一会计时点上应该承担的现时义务，该义务的将来履行是以该主体所拥有或控制之经济资源的流出为代价的。从此点上，实际上就初步给出了负债这一会计概念与相关会计概念关系：①与资产的对立关系，即负债的减少将以资产的减少为条件，负债的增加以资产的增加为后果；②债权人让渡债权对价的使用权是有特定的目的的，在付息的情况下，负债就天然地与会计主体的经营成果发生联系，导致其经营成果的减少；③债务人充分运用借贷资产，产生一定的经济效益，在扣减其利息之后，会产生一定的会计利润，又使负债和会计主体的利润发生联系。按照此逻辑推演，负债还会和其他的会计概念发生联系。

## 2.4 给会计概念下定义：明确内涵

### 2.4.1 给会计概念下定义：实质为明确会计概念之本质属性

要认识某一个特定的客观会计事物，就要有一个确定的会计概念。在形式逻辑中，确定概念的逻辑方法主要有定义、划分、概括和限制等。其中，定义这种逻辑方法是认识客观会计事物的基础。

所谓定义就是揭示会计概念的内涵。概念的内涵是事物的本质属性的反映，所以，给会计概念下定义也就是用精练的语言、简明的方式，从某个角度完整地揭示出会计概念所反映的会计思维对象的本质属性，从而达到明确会计概念内涵的目的。也就是说，定义的精髓在于简洁明了地给出客观会计事物的本质属性，这是会计概念定义的目的，同时也是会计概念定义的功能所在。

一个完整的定义一般包括被定义项、定义联项和定义项。比如，在“资产是可能的未来经济利益，它是特定个体从已经发生的交易或事项中所取得的或加以控制的”这个对资产的定义中，“资产”是被定义项，“是”是定义联项，“可能的未来经济利益”“特定个体从已经发生的交易或事项中所取得的或加以控制的”是定义项。

理解上述对定义的论述，要注意：

**1. 明确被定义项**

被定义项是需要通过定义来揭示其内涵的会计概念。客观会计事物纷繁复杂、数量众多，如何选择意欲研究的会计概念？一般要考虑会计概念的系统性和重要性。其中，系统性是指从会计概念的整体出发，根据建立社会主义市场经济、建立现代企业制度、切合会计工作的实践和需要出发，从中选择需要研究的会计概念；重要性是指选择对会计改革、会计实践、会计工作和会计教育有重要实际作用的会计概念。例如，当前对公允价值的研究是一个热点和难点，之所以选择公允价值是因为在建立社会主义市场经济、会计改革等环节中，公允价值是无法回避的具有系统性和重要性的一个会计概念，其是否是一种计量属性等问题直接关系到公允价值的运用。

**2. 对定义项的要求**

定义项是用来规定、说明和揭示被定义项的本质特征的语词表达。定义项在一个完整的定义中处于核心地位，它是定义这种逻辑方法的归宿，它的质量事关定义这种逻辑方式的质量高低，所以，在拟定定义项时要注意：①在表述上要力求精练、简明，要善于把复杂的问题经提炼后简单化。②在对客观会计事物的本质特征进行分析时，宜从某个角度进行突破，而忌多角度。这是因为客观会计事物是一个普遍联系的客体，它的本质属性作为一个系统也是有一定的结构和层次的，选择多角度容易出现混乱，而选择一个角度就能巧妙地避免。③从某一角度寻求本质属性同时兼顾其他角度，对于其他角度的分析可以在行文上采取另外叙述的方式，作为对突破角度分析结果的进一步说明和解释。实际上，在上面的例子中，在"可能的未来经济利益""特定个体从已经发生的交易或事项中所取得的或加以控制的"这个定义项中就是采取这一行文的方式。

### 2.4.2 定义的类型：多样性但有适宜之考虑

定义就是揭示会计概念的内涵。按照揭示被定义项属性的种类，定义分为三类，即实质定义、语词定义和上下文定义①。

**1. 实质定义**

所谓实质定义就是在定义项中揭示概念的本质属性，即揭示被定义项概念的本质属性，有时也称之为内涵定义。其一般方法就是揭示邻近属概念加种差，其步骤一般有四步：

第一步，揭示被定义项的邻近属概念，即揭示被定义项概念所反映的对象的共同本质属性。实际上，我们可以进一步把定义理解为：用一个已知概念来对另一个概念作综合的语言描述。列宁曾经说过："下'定义'是什么意思呢？这首先就是把某一个概念放在另一个更广泛的概念里。"这个更广泛的概念就是邻近的属概念，或称之为上位概念。一个概念的属概念有不同的层次，比如，"现金"的属概念就有"流动资产""资产"等不同层次的属概念。具体而言，确定被定义项的邻近属概念可以采取上推法或下推法。前者是指从种概念出发，逐层向上推演，找出合适的上位概念；相应地，下推法就是从种概念的最高层次向下推演，找出合适的上位概念。

第二步，揭示被定义项的种差。所谓种差是指被定义项概念所反映对象区

① 在大多数逻辑学的教材中，一般对定义类型的界定只有前两种，但实际上采用上下文定义的方法是普遍存在的，特别常见对于一些没有共识的新兴概念之定义，所以为完整起见，在此将上下文定义作为一种类型。

别于其他种概念的属性。这种属性可以是事物的性质，可以是事物产生或形成的情况，也可以表示事物的功能、位置等等。总之，所选择的属性能达到区分的目的就足够了。

第三步，将已揭示的种差加在邻近属概念的前面，就可构成定义项。

第四步，用“是”等定义联项把被定义项和定义项联结起来，就构成了一个完整的属概念加种差的定义。

在这里，有必要指出的是：在实质定义中种差所反映的对象的特殊本质属性是多方面的，种差所运用的逻辑形式也是不同的。因而，根据种差内容的不同，实质定义可分为性质定义和关系定义，发生定义、操作定义和功用定义。以下分述之：

（1）性质定义：定义中的种差部分揭示被定义项的本质属性。如：“负债是指企业过去交易或者事项形成的，预期会导致经济利益流出企业的现时义务。”①

（2）关系定义：定义中的种差部分揭示被定义项与其他会计事物的特殊本质关系。比如：“可变现净值，是指在日常活动中，存货的估计售价减去至完工时估计将要发生的成本、估计的销售费用以及相关税费后的金额。”②

（3）发生定义：定义中的种差部分揭示被定义项发生、来源和形成的情况。如：“企业年金基金，是指根据依法制定的企业年金计划筹集的资金及其投资运营收益形成的企业补充养老保险基金。”③

（4）操作定义：定义中的种差部分揭示被定义项的程序、手续和过程。比如：“复式记账就是对任何一项经济业务都必须在两个或两个以上相互联系的账户内作方向相反、金额相同的双重记载，即一方面以一定的金额借记一个或几个账户，另一方面以相同的金额贷记一个或几个账户。”④

（5）功用定义：定义中的种差部分揭示事物所起的作用。如：“会计管理，是会计部门按照一定的目标，对企业、事业等单位的资金运动进行决策、计划、

---

① 财政部．企业会计准则 2006［M］．北京：经济科学出版社，2006：47.

② 财政部．企业会计准则 2006［M］．北京：经济科学出版社，2006：9.

③ 财政部．企业会计准则 2006［M］．北京：经济科学出版社，2006：3.

④ 郭惠云，王敏．会计学［M］．北京：经济科学出版社，2001：25.

控制和分析的一种管理活动。"①

以上是按照种差内容的不同进行分类，如果根据种差形式的不同，实质定义又可分为合取定义、析取定义和互蕴定义，肯定定义和否定定义。

（6）合取定义：以同时存在的一组本质属性作为种差的定义。比如："无形资产，是指企业拥有或者控制的没有实物形态的可辨认非货币性资产。"②

（7）析取定义：以至少一个本质属性作为种差的定义，不要求列举出所有本质属性。比如，"银行存款是企业存入开户银行或其他金融机构的各种款项。"③

（8）互蕴定义：以两个表述不同，但又实质相同的属性作为种差的定义。如："负债，是指企业过去经济业务事项形成的现时义务，履行该义务会使经济利益流出企业。"④ 现时义务是企业必须以经济利益的流出来履行的，这两者实质上是一回事，是互蕴的关系。

（9）肯定定义：种差是以肯定的形式给出的定义。该类型的定义一般表现为"被定义项是什么"。比如："所有者权益是指企业资产扣除负债后由所有者享有的剩余权益。"⑤

（10）否定定义：种差是以否定的形式给出的定义。该类型的定义一般表现为"被定义项是某些以外的什么"。比如："非货币性资产，是指货币性资产以外的资产。"⑥

### 2. 语词定义

所谓语词定义就是说明或规定被定义语词之意义的定义。这类概念定义实际是对概念的一种解释，在会计概念中较为常见。与实质定义揭示会计概念的本质属性相比，该类型会计概念定义则揭示被定义项所表达的含义或称谓的对象定义，所以有时也称之为外延定义。比如：

---

① 于玉林．现代会计方法学［M］．上海：立信会计出版社，1997：373.
② 财政部．企业会计准则 2006［M］．北京：经济科学出版社，2006：29.
③ 郭惠云，王敏．会计学［M］．北京：经济科学出版社，2002：45.
④ 郭惠云，王敏．会计学［M］．北京：经济科学出版社，2002：109.
⑤ 财政部．企业会计准则 2006［M］．北京：经济科学出版社，2006：3.
⑥ 财政部．企业会计准则 2006［M］．北京：经济科学出版社，2006：33.

“货币性资产，是指企业持有的货币资金和收取固定或可确定金额的货币资金的权利。”

“非货币性资产交换，是指企业主要以固定资产、无形资产、投资性房地产和长期股权投资等非货币性资产进行的交换。该交换不涉及或只涉及少量的货币性资产（即补价）。”

“存货，是指企业在日常活动中持有以备出售的产成品或商品、处在生产过程中的在产品、在生产过程或提供劳务过程中耗用的材料和物料等。”①

**3. 上下文定义**

所谓上下文定义是指通过文字的引证来间接说明被定义项含义，即在文章的行文中暗含其属性。

上下文定义通过蕴含的方式给出被定义概念的含义。也就是说，该概念的特征乃至本质属性需要读者去揣摩、去理解。所以，从这层意思上讲，这不是一种真正逻辑意义上的定义，因为它并没有真正明确地给出被定义项的内涵或者外延。

但不得不承认的是：这种定义的方式是较为普遍的。特别地，出现在一些新兴的会计研究领域，其原因在于：第一，新兴领域的探索是极富挑战性的，人们对某一新的会计概念的认识不可能是全面的、深刻的，因此通过上下文定义的方式只不过是一种权宜之计；第二，新兴领域的探索是一种活跃思维活动的成果，正如我们在前文中提及的，在研究的初期它不可能是系统的，而是发散的、跳跃的，如果在思维活动的最初就限定一个既定的范围，对会计新领域的探索是弊大于利的；第三，从本质上讲，对新兴领域的理论的探索不过是一种假说，其真伪尚待会计实践的检验，也只有在多次反复地论证后，该新兴概念的本质属性之探索才愈发清晰明了，否则也就没有了会计理论的发展和繁荣。②

如上所述，笔者认为：三种定义类型本身并没有优劣之分，但也不能否认

① 财政部. 企业会计准则2006［M］. 北京：经济科学出版社，2006：7.

② 必须指出的是，上下文定义虽然未能登大雅之堂，但其理论价值依然不可抹杀，所以在此将其单列，以正其名分。

的是它们也有特定的适用范围。正如，各类服装对于不同的着装者来说本没有优劣比较的基础，也许一个建筑工作者对劳保服装的偏爱、一个军人对军装的偏爱远远胜于一个时尚者对时装的偏爱。所以，问题的关键在于一个会计概念之定义其适宜度几何。

比如，在规范会计工作根本的会计法律法规中，因为其广泛的适用性和权威性，对某个会计概念的定义就应该尽可能地采用规范严谨的实质定义，以便于规范会计法律法规的执行和检查；同时，为进一步提高会计法律法规的可执行度，在法律法规的解释、指南中、在实质定义之外可给予贴近会计实践的语词定义，以起到一种解释和说明的作用。所以，从这一层面上讲，会计概念的定义类型也存在一个相互配合的问题。

再比如，在会计新兴领域中，为鼓励“百花齐放、百家争鸣”的学术气氛，上下文定义的采用往往会起到启发会计研究人员思维的特定效果，后来者往往可以从“抛砖引玉”式的定义行文中加深对新会计概念的认识，进而推动会计研究的深入和增强会计研究的有效性。

### 2.4.3 定义的规则：检验定义是否恰当的机制

俗语说，没有规矩，何以成方圆。给会计概念下定义，同样也要遵守一定的逻辑规则，这是正确定义会计概念的必要条件，否则就会犯各种逻辑错误。

**1. 定义必须是相应相称的**

所谓定义相应相称是指定义项的外延和被定义项的外延之间是全同关系。

这条规则要求对会计概念下定义时，必须使定义项的外延和被定义项的外延相等。如果定义项的外延大于被定义项的外延，那就会犯“定义过宽”的逻辑错误；相反地，如果定义项的外延小于被定义项的外延，那就会犯“定义过窄”的逻辑错误。

在这里一个恰当的例子是会计学者们对于会计对象定义的探讨。关于会计对象的定义，存在以下观点①：

---

① 于玉林．现代会计哲学［M］．北京：经济科学出版社，2002：105.

（1）劳动耗费论

该学说认为：会计核算的对象，是各个经济部门中社会劳动的耗费。或者，社会主义会计核算的对象是社会主义扩大再生产过程中一切事物的社会劳动量。

此定义就存在着定义过宽的逻辑错误，表现为：一方面，社会劳动的耗费计算极其复杂，会计实难堪此重任；另一方面，有些经济业务是不能以劳动耗费来计量和反映的。也就是说，该定义中的定义项的外延实际上已大大超过了被定义项的外延，存在着定义过宽的逻辑错误。

（2）经济活动论

该学说认为，会计核算的研究对象就是人们的经济活动。或者说，会计核算对象是以货币量度来反映的整个社会主义社会再生产过程或国民经济各部门及其所属企业以及其他部门及其所属机构的经济活动过程。

该概念也存在定义过宽的逻辑错误。表现为：经济活动是一个综合体，包括实物运动、资金运动及其体现的经济关系，已大大超出会计核算的范围；同时，使用货币量度来反映的经济活动也是多方面的，除会计核算外，还有统计核算、计划等。

（3）价值运动论

该学说认为，在商品经济条件下，不论社会制度如何，会计对象不过是商品经济中的价值运动。实际上，这种学说试图以价值运动为会计对象，来统一资金运动和资本运动，而无意中陷入了定义过宽的逻辑错误。

在商品经济条件下，价值运动过程为商品—货币—商品。在这一价值运动过程中，其内容包括价值的形成过程和价值的实现过程。其中，价值形成过程的内容又包括：①劳动二重性（具体劳动和抽象劳动）；②价值形成；③价格；④价值增值规律；⑤价值规律等。而价值实现过程的内容包括：①价值补偿；②物质补偿；③两大部类关系等。显然，价值运动的这些内容不全是会计研究的内容，或者说，会计研究所触及的方面只是其中的一部分，即经济活动中用货币表现的资金运动。所以，虽然价值运动论在统一资金运动和资本运动方面作了有益的理论探索，却无意中犯了定义过宽的逻辑错误。

**2. 性质定义的被定义项不得直接或间接出现在定义项中**

前文中已经论述，对客观存在的会计实务下定义有不同的方法，主要表现在种差的选择上。如果定义中的种差部分揭示被定义项的本质属性，那么该类定义就是性质定义。也就是，性质定义是揭示被定义项本质属性的定义，即用定义项来明确被定义项的内涵，所以，很明显在定义项中不能直接或间接出现被定义项，否则就达不到揭示被定义项内涵的目的。如果违反此条规则，就会犯“同语反复”或“定义循环”的逻辑错误。

此类逻辑错误在学术研究中是较常见的一种逻辑错误。在各种教科书、学术论文中更是屡见不鲜，甚至出现在一些权威的会计规范文件中。在我国会计改革的初期，在制定我国企业会计准则体系的过程中对会计概念的定义就犯过该类错误，甚至这种错误在 2006 年 2 月颁布的《企业会计准则》中也未能避免。

（1）定义项必须清晰明了，不能含糊不清

该项规则表明，定义项必须是确切的、易于理解的、不能引起歧义的。否则就会犯“定义含混”的逻辑错误。

比如：“会计法，国家对于会计工作的专门立法。”“会计信息，由会计提供的有助于经济管理与经济决策的财务信息和与之有关的其他经济信息。”“会计核算，会计信息系统中最基本的子系统或会计管理中最基本的一项管理活动。”这些会计概念的定义，既没有阐述正确的种差，揭示被定义的会计概念所反映对象内容的性质，也没有采用正确的邻近属概念，揭示被定义的会计概念所反映对象内容的本质属性①。再比如：“企业应该按照交易或者事项的经济特征确定会计要素。会计要素包括资产、负债、所有者权益、收入、费用和利润。”②

（2）定义联项不能是否定的

给会计概念下定义，其目的在于揭示会计概念的内涵。如果定义联项是否定的，只是回答了会计概念不具有某种本质属性，而无益于回答它具有哪些本质属性。可见，使用否定的定义联项无法完成给会计概念下定义的目标。违反此条规则，就会犯“定义用否定联项”的逻辑错误。例如，负债不是企业未来

① 于玉林．现代会计理论、实务与教育研究［M］．北京：中国财政经济出版社，2000：246.

② 财政部．企业会计准则 2006［M］．北京：经济科学出版社，2006：1－2.

发生的交易或者事项形成的义务。

在这里，必须指出的是："定义用否定联项"和"负概念"不是同一的。前者是一种我们要避免的逻辑错误，而后者是会计概念类型的一种，如非货币性资产等。

## 2.5 会计概念的划分：明确外延

### 2.5.1 会计概念划分的实质和意义

给会计概念下定义是确定会计概念内涵的逻辑方法。相应地，也存在一定的逻辑方法来确定概念的外延，即会计概念的划分。也就是说，会计概念的划分就是揭示或确定会计概念外延的一种逻辑方法。会计概念的外延是会计概念对思维对象分子范围的反映，因此，划分就是按照一定的标准将一个会计属概念分成若干个同级的种概念的逻辑方法。

根据逻辑学的相关理论，划分由划分的母项、划分的子项和划分的标准三部分构成。划分的母项就是被划分的会计概念，是需要通过划分来揭示和明确其外延的属概念；划分的子项是指划分出来的、用以明确被划分母项外延的各个同级的种概念；划分的标准是指划分的依据或根据，一般是划分时所依据的某一属性或某一属性组。

比如，对资产这一会计概念的外延进行划分，就存在如下方法：

按照资产的流动性进行划分，母项就是资产，划分的标准就是流动性这一资产的属性，划分的子项为流动资产和长期资产。前者是指可以在 1 年或者超过 1 年的一个营业周期内能够变现或将被耗用的资产；后者是指除流动资产以外的资产。在这里，流动资产和长期资产是一对同级的种概念。

按照有无实物形态进行划分，母项就是资产，划分的标准就是实物形态这一资产的属性，划分的子项为有形资产和无形资产。前者是指具有实物形态的资产；后者是指没有实物形态的资产。同样地，无形资产和有形资产也是一对同级的种概念。

按照资产是否能迅速变现的能力划分，母项就是资产，划分的标准就是变现能力这一属性，划分的子项为现金①资产和非现金资产，同样地，现金资产和非现金资产也是一对同级的种概念。

在此必须指出的是：对同一母项按照不同的属性进行划分，有其重要的学术价值和实践意义，主要表现为：

**1. 有助于对会计概念的理解**

一个标准的划分包括三个不可或缺的组成部分，即根据会计概念（母项，即属概念）的属性（划分标准）来认识和揭示其外延的大小（子项，即种概念），实际上这蕴含了一种既考察概念属性，又考察概念外延的思维训练方式，无疑会有助于人们对会计概念的理解。

进一步讲，一个会计概念的属性是多方面的、多层次的，要正确、全面地认识会计概念并不是一蹴而就的，需要人们多角度、多层次地亲力亲为。有幸的是，划分的多标准尝试和多次连续划分②实际上提供了一个完成这一认识任务的完美模式。

**2. 有利于认识客观会计事物**

会计概念是对客观存在的会计事物本质属性进行反映的思维方式。作为一种思维方式，其目的在于能够指导人们的会计实践。也就是说，会计概念来源于会计实践，经过会计思维主体的逻辑思维上升为理性认识，但并不是其任务的终结，其后还是要回到会计实践中去，接受会计实践的检验。但由于人们认识的阶段性和有限性，属概念的实践检验就变得异常艰难。经划分得出的种概念与属概念相比，其内涵得以丰富、其外延得以缩小，这样将会使属概念的实践检验化整为零，使属概念的实践检验变得可行和迅速。

---

① 这里是指广义现金。

② 有关会计概念的多次划分将在下文中讨论。

另一方面，正如上文所论述，划分形成的种概念使其内涵得以丰富、其外延得以缩小，也有助于人们在会计实践中能更严密和有条理地表达发生的经济交易和事项，在微观上增加会计这一经济管理系统输出的信息含量。在此一个简单的例子是：对比以下对同一企业资产状况描述的两段话，我们就会发现划分所带来的重要价值。

2006 年期末，发达有限公司拥有资产 1000 万元。

2006 年期末，发达有限公司拥有资产 1000 万元，其中货币资金 800 万元，非货币资金 200 万元；在非货币资金中，固定资产 50 万元，无形资产 150 万元。

不难看出，第二段对发达有限公司资产状况的描述比第一段更为详尽，提供的信息含量更多、更具体、更有利于我们评价该公司的资产状况。不难想象，如果对该公司的资产不加划分是无法达到类似的效果的。可见，企业资产的分类信息是非常重要的。

### 2.5.2 会计概念划分的类型

**1. 根据划分子项的层次不同，划分分为一次划分和连续划分**

（1）一次划分

一次划分是指仅仅揭示某一会计属概念的一个层次的全部种概念的划分。比如，在上文中对资产按照流动性将其分为流动资产和长期资产。

（2）连续划分

连续划分是指揭示某一会计属概念的两个或两个以上层次的全部种概念的划分。即先将母项分为若干子项后，再将子项作为母项继续进行划分，直到满足会计实践的需要为止。比如，对资产的连续划分：

- 资产
  - 有形资产
    - 流动性有形资产
    - 长期性有形资产
  - 无形资产
    - 确定使用寿命的无形资产
    - 不确定使用寿命的无形资产

图 2.1　资产的连续划分

（资料来源：作者整理）

在上图中，第一次划分依据有无实物形态的属性标准，而后两次划分分别依据有形资产的流动性和无形资产的使用寿命是否确定。

**2. 根据每次划分所得子项的数量，划分分为二分法划分和多分法划分**

（1）二分法划分

二分法划分是指依据有无某一属性或属性组，把一个会计属概念仅仅分为两个具有矛盾关系的种概念的划分方法。其意义在于，在一个属概念之中就某一属性矛盾地分析种概念的外延，有利于对属概念及其种概念的理解和运用。从唯物辩证法的角度而言，是矛盾分析的方法在划分中的运用。

比如，对负债进行二分法划分，按照负债的流动性分为流动负债和长期负债；对资产按照收回金额是否确定，可分为货币性资产和非货币性资产。

（2）多分法划分

多分法划分是指把被划分的会计属概念分为三个或三个以上的种概念的划分方法。例如，期间费用按照归属的不同划分为管理费用、财务费用和营业费用。

在这里要特别指出的是：由于客观会计事物的复杂性，某些会计属概念的外延较大，有时按照某一属性对其多分法划分时，无法做到划分清楚其全面的外延，或者由于研究的必要和重要性的原因也没有必要将其外延全部揭示，我们往往在划分三个或三个以上种概念之后采取省略的方式。比如，对流动资产按照流动性的高低将其划分为：现金、银行存款、应收账款等。

**3. 几个相关概念的辨析**

（1）划分和分解

首先，我们要明确的是：划分和分解是两个截然不同的逻辑方法。

划分是把一个会计属概念分为几个种概念的过程，是一种明确概念外延的逻辑方法；而分解是把一个作为整体的概念肢解为各个部分概念，是在思维活动中，揭示某一概念的构成部分、要素的认识方法。

其次，从属概念划分出来的各个种概念都具有属概念的全部内涵，而分解出来的部分概念都不具有整体的内涵。

最后，进一步讲，划分是按照事物的属性来进行的思维活动，而分解是按照系统的构成来分析会计概念。实际上，这两者有不同的认识路径。比如，对资产这一会计概念，按照这两种不同的思维路径分别为：①划分。即按照是否存在实物形态对资产进行划分，可划分为有形资产和无形资产。②分解。即根据所处的位置，可将资产分解为：本土资产和国外资产。

（2）划分和分类

分类是指在划分的基础之上，根据客体的特有属性（不一定要求是本质属性）或者本质属性的不同，将客观存在的会计事物分成若干不同种类的逻辑方法。

实际上，从人们的认识过程来看，人的认识总是从现象到本质，因此分类有现象分类和本质分类两种类型。

其中，现象分类是指根据对象的外部联系或特有属性（不一定是本质属性）而进行的分类。这种分类往往为了实践的需要而把本质相同的对象划为不同类，又可以将本质不同的对象归结为同一类，其标准较随意，进而不可避免地带有一定的人为性质①。这种分类的现象在会计研究中也较为常见，比如为了评价某个企业的财务状况，而对企业的资产进行分类，采取按资产所处产业分为第一产业资产、第二产业资产和第三产业资产；或者按照资产所处的行业分为房地产行业资产、服务业资产和制造业资产等。

本质分类，又叫自然分类，是指根据客观会计事物的内部联系或者本质属性所进行的分类。比如，按照资金来源回报要求的差异将企业的资金来源分为债务类资金来源和股权类资金来源。

要指出的是：从人的认识过程来看，分类往往是从现象分类开始，然后逐渐深入到本质分类。与现象分类只揭示事物非本质属性的局限性相比，本质分类则揭示事物的必然性。

所以，从逻辑上来看，分类是划分的一种特殊形式。也就是说，划分是分类的基础，没有划分就无法分类；任何分类都是划分，但并非所有的划分都是分类。

这是分类和划分的联系。

---

① 其原因在于，与划分相比，现象分类的标准是相当随意的。比如，商品按照价格的高低分为高档、中档和低档，但每个档次的具体标准是因人而异的。

但这两者之间的区别也是明显的，主要表现为：

第一，两者的根据不同。划分的根据是客观事物的属性，只要能达到区分事物目的的一般属性都可以作为划分的标准；而分类则必须根据事物的本质属性或特有属性。

第二，两者的作用是不同的。划分是由会计实践的需要决定的，一旦会计实践过程结束，这些划分也就失去了现实意义和作用；而分类，特别是依据本质属性的分类，以其系统化的理性认识而形成的系统的概念、范畴体系的优势，在科学的发展中长期起作用。

### 2.5.3 会计概念划分的规则：检验划分是否恰当的机制

对会计概念进行划分有助于我们认识和运用会计概念。为正确地使用划分这一逻辑方法，就必须遵循一定的规则，否则就会犯相应的逻辑错误。

**1. 划分必须是相应对称的**

该规则要求划分子项的外延之和必须等于划分母项的外延，即子项的外延之和必须和母项外延是全同关系。否则，就会犯“划分不全”或“划分多余”的逻辑错误。

如果划分子项的外延之和小于母项的外延，则犯了“划分不全”或“遗漏子项”的逻辑错误。相反，如果划分子项的外延之和大于母项的外延，则犯了“划分多余”或“多出子项”的逻辑错误。

**2. 划分的子项必须相互排斥**

子项相互排斥是指子项之间一定是全异关系，不能相容。否则，就会犯“子项相容”的逻辑错误。这是因为，划分是按照一定的属性标准把属概念分为同级的种概念，也就是说划分标准使子项得以区分，所以一个正确划分所形成的子项必须是全异的。

**3. 每次划分的标准必须同一**

该规则是指在每次划分时，只能按照同一个标准来进行。否则就会犯“混淆根据”的逻辑错误。在这里要特别指出的是：以某一属性组为标准进行划分并不违反这一规则，此时该属性组就是划分的唯一标准。

**4. 子项必须是清晰的概念**

该规则要求划分出来的子项也应该是科学的概念，必须清楚确切。否则，就会犯“子项含糊”的逻辑错误。

## 2.6 会计概念的概括和限制： 属种会计概念间的推演

会计概念的定义和划分分别从概念的内涵和外延方面来确定概念，也就是说它们分别从概念的某个单一方面对概念进行揭示。由此，能否同时从概念的内涵和外延两个方面来明确概念？在逻辑学上，就是概念的概括和限制。

### 2.6.1 会计概念的概括

**1. 会计概念的概括方法**

会计概念的概括是指通过减少会计概念的内涵以扩大概念外延的逻辑方法，也就是说这种方法是由外延较小的种概念推演到概念外延较大的属概念的逻辑方法。例如：

无形资产→可辨认的非货币性资产→非货币性资产→资产

种概念到属概念的推演过程，就是一个会计概念的概括过程。其方法是通过减少会计概念的内涵来实现的。或者说，这个过程是牺牲种概念的丰富内涵及种差的过程。其结果随着推演链条向右端延伸，右端的会计概念外延逐步扩大。

其一般的逻辑形式是：

种概念 - 种差→属概念

在上述例子中，无形资产是企业拥有或控制的没有实物形态的可辨认的非货币性资产，其内涵是相当丰富的。或者说，从不同的方面说，无形性、可辨认性、非货币性都是其本质属性。在上述概括的推演过程依次放弃无形性、可辨认性、非货币性的种差，使属概念的外延逐步扩大。

**2. 会计概念的概括意义**

首先，会计概念的概括是一种明确概念的逻辑方法，和对会计概念下定义的逻辑方法有一定的联系。

对一个会计概念下定义，我们使用的方法是：种差＋相邻属概念→种概念；而会计概念的概括是反其道而行之，采用“种概念－种差→属概念”的认识方法。

可以肯定的是，这种创新的认识路径丰富了明确会计概念的逻辑方法。

其次，会计概念之概括过程的实质是厘清属种概念之间关系的过程，它们之间的关系就是在本质属性上的区别和联系。或者说，是内涵减小和外延扩大的关系。进一步，一个正确的会计概念概括过程将深化我们对属种会计概念的理解。

最后，会计概念概括的认识论意义。会计概念的概括过程实质上是一个由个别到一般的马克思主义认识路线，有利于对客观会计事物的认识。也就是说，人们认识会计事务并不是从认识会计事物的一般开始，而是从认识特殊或个别的会计事物着手的，进而在个别的基础之上，运用抽象的方法去认识客观会计事物的一般。

**3. 会计概念概括的规则**

作为一种认识会计概念的方法，概括也应该遵守一定的规则，否则就会犯逻辑错误，就会误导我们对会计概念的认识。

第一，会计概念的概括是在种属概念间进行的推演，每一次推演必须是种概念向邻近的属概念推进，而不能是个体概念向集合（总体）概念的推进。这条规则实际上界定了会计概念概括的范围，即只能是属种概念间的推演，否则就会犯“概括错误”的逻辑错误。比如下面的推演：

无形资产→可辨认的非货币性资产→非货币性资产→资产→会计要素

在这个推演中，资产之前的推演都是正确的概括过程，即每一次推演都是在相应的种属概念之间进行的。而最后的“资产→会计要素”就不是一个正确的概括过程，原因在于资产相对于会计要素只是个体和整体的关系，而不是属种关系，或者说这是一种个体概念向集合概念的推演，而不是一个概括的过程。所以，“资产→会计要素”是一个犯了“概括错误”的推演过程，但也是一个正确的个体概念向集合概念的推演过程，后者也是一种认识概念之间关系的方法。

第二，最大的会计属概念——会计范畴不能概括。所谓会计范畴是指反映会计领域客观事物普遍性的最基本的概念。一般来说，会计范畴也就是外延最大的会计概念，它没有属概念，所以，会计范畴是不能再概括的。

### 2.6.2 会计概念的限制

会计概念的限制是指通过增加概念的内涵缩小概念的外延，即由外延较大的属概念推演到外延较小的种概念的逻辑方法。其推演程序为：起点是某个一般的会计属概念，通过对属概念内涵的增加，形成种概念。

可见，会计概念的限制和会计概念的概括是一对相反的推演过程，前者是从一般到个别，后者是从个别到一般；或者说，限制是从属概念到种概念的推演，而概括是从种概念到属概念的推演。例如，以下的会计概念推演就是一个会计概念限制推演链：

资产→非货币性资产→可辨认的非货币性资产→无形资产

在这条推演链条最左端的资产是一个大的属概念，其向右推演的过程是一个不断增加或者说是不断丰富内涵的过程。“资产→非货币性资产”的推演过程是在资产这一属概念的基础上增加了非货币性本质属性，而推演出非货币性资产这一种概念，这种推演就是会计概念限制。相应地，从非货币性资产开始分别增加了“可辨认性”“无形性”本质属性而分别推演出可辨认的非货币性资产和无形资产。所以，其方法的实质是：

属概念 + 种差→种概念

会计概念间的限制推演也要遵循一定的规则，否则也会犯逻辑错误。这些规则是：

第一，每一次限制，必须是由会计属概念推演到会计种概念，而不允许由会计集合概念推演到会计个体概念，否则就不是正确的会计概念的限制。比如以下的会计概念推演：

资产→货币性资产→银行存款→本币存款

在上例子中，有三个会计概念间的推演：①“资产→货币性资产”，是一个会计概念的限制。原因在于：相对于非货币性资产而言，资产是个属概念，通过增加货币性这一本质属性，而限制推演为货币性资产。②在“货币性资产→银行存款”这一推演中，银行存款是货币资金的一种，只是存放地点在银行，这两者之间是一个总体和个体的关系，而不是个别和一般的关系，所以这个推演只能算一个集合概念到个体概念的推演，而不是会计属概念到种概念的限制过程。③“银行存款→本币存款”也是一个集合概念到个体概念的推演，而非限制。

第二，最小的种概念——单独概念不能限制。这是因为单独概念只反映一个分子对象或某一特定会计事物的概念，其外延只含有其自身一个分子，在任何比较范围内都已经没有下属的种概念，所以不能被限制。

比如，“商誉”这一会计概念，就是一个单独概念。它是指企业所具有的获得超额收益的能力，一般表现为企业所处的地理位置的优越、客户的信任、产品的质量以及生产工艺的先进等；进一步，企业具有的超额收益能力是多种因素的合力所致，我们很难或者无法分清各种因素的贡献度。作为商誉本质属性的“超额收益能力”无法再进一步细化，相应地，商誉也就成了一个单独概念，没有下属的种概念，所以，商誉是不能被限制的。

## 2.7 会计术语：一个亟待研究的领域

在前文中，曾经提及会计术语是一个亟待研究的领域。之所以如此说，是因为在会计研究的领域中，会计术语是一个被长期忽视的课题。细心的会计工作者在浏览会计文献时，会发现针对会计术语的专门研究较少，这是一个较为空白的会计研究领域，但这丝毫不能抹杀会计术语的理论和实践意义。笔者认为，研究会计术语的理论意义至少有：①会计术语可以使会计概念在语言学方面更加规范；②会计术语能使会计概念体系更协调和统一；③可以提高会计商业语言的通用度，减少经济全球化的信息障碍；④有利于国际会计界的交流和会计理论发展。

实际上，会计术语是一个和会计概念联系紧密的概念，所以笔者将从以下几方面对其进行分析：

### 2.7.1 会计术语的定义及其质量特征

#### 1. 术语、会计术语的定义

从语言学的角度讲，术语来自英语中“term”一词，其起源意义是界限、界石和界标，表达的是一个事物和其他事物的区别。

所谓术语是指通过语言或者文字来表达或限定专业概念的约定性符号，所以，术语可以是词，也可以是词组，但其要旨是起到规范专业概念的作用。

术语和概念有紧密联系。概念是一种对客观事物本质属性揭示的思维方式，是“所指”，即指出客观事物的本质属性，而术语是“能指”，即能够通过语言或文字表达客观事物的属性，因此术语要符合一定的质量特征。故从该意义上讲，概念是先于术语而存在的，是先有对客观事物本质属性的揭示，才有用指定的语言或者文字来表达这一个概念的。简言之，术语的形式实质是“概念 + 语言或者文字”，是一种对概念所作的语言或文字限定。进一步讲，会计术语就是对会计概念进行专业限定的以语言或者文字表达的约定性符号。

#### 2. 会计术语的质量特征

对一个会计概念要通过会计术语来限定，所以就存在一个会计术语选择的问题。或者说，对一个会计概念的语言或者文字表达进行专业限定，要考虑的是质量特征：

（1）准确性

会计术语要能确切地反映会计概念的本质。比如：“商誉”能够表达一个主体的超额盈利能力，“负债”能够表达一个主体的现时义务等等。

（2）单义性

这一特征要求一个会计术语至少在会计学科领域中只能表述一个会计概念，一个会计概念只用同一个会计术语来表达，不能有歧义。同时要注意的是：应该避免同义术语、同音术语和多义术语的出现，如果违反了单义性的原则，就有可能导致严重的误解。因此，在创造会计术语或对现有会计术语进行系统化时，必须注意以下两方面：一方面，给一个会计概念创造新会计术语之前，应该事先确认是否已经存在指称该概念的会计术语；另一方面，如果有若干个同义会计术语与一个概念相对应，则应该选择符合会计术语选择原则或特征的会计术语。

（3）系统性

在会计学科中，各个会计概念并不是彼此孤立的，而是一个普遍联系的有机整体，共同组成一个具有系统性特征的概念体系。所以，作为对会计概念进行表述的会计术语也应该有一定的系统性，以保持会计术语的协调和统一。

（4）简单性

会计术语要简明扼要，易读易记，避免冗长晦涩。也就是说，会计术语一般不宜过长，要尽量在保持准确性的前提下进行简化处理，这样将有利于会计术语的使用和交流。

在此要特别指出的是：会计术语的准确性和简单性是一对矛盾。会计术语所反映的特征越多，则对会计概念的表达就越完善，会计术语就越准确，但同时也就越冗长。所以，在创造会计术语时，要处理好会计术语的准确性和简单性这组矛盾，其宗旨为在保持准确性的前提下进行简化①。

（5）稳定性

会计术语一经约定性公认，除非“特别必要”，不宜轻易改动，以保持会计术语的稳定性。这里的“特别必要”通常包括以下几种情况：①随着会计环境的变化，发现原会计术语已经不“能指”。比如，随着经济学的发展、人们

① 会计术语的这组矛盾恰如会计信息质量特征中的相关性和可靠性一样，这就要求会计学者在两者之间进行权衡，这本身就是一种高超的会计判断。

环保意识的提高、国家经济增长方式的转变，会计利润已经不能够合理表示企业与环境有关的业务活动的经营的成果，而必须使用新的会计术语方能表达企业实际的扣除承担资源和环境代价后的“绿色会计利润”。②会计理论的突破对原有会计术语的修正。比如，“全面收益”的概念就是在持有利得和损失的会计理论突破的基础上对收益概念的修正。

（6）衍生性

一个既定的会计术语表达一个特定的会计概念，从此会计术语出发要能合理地衍生出对应会计概念的下位种概念的会计术语，这样方能兼顾会计术语和会计概念的系统性。比如，由“资产”这一会计术语可以合理衍生出“无形资产”等会计术语，来表达资产这一会计概念的下位种概念。

### 2.7.2 会计术语的种类

按照会计术语的变现形式，会计术语可以分为：

**1. 单义会计术语**

所谓单义会计术语是指只代表一个会计概念的会计术语。比如，“商誉”只代表企业的超额盈利能力，“或有负债”只代表企业的未来的、可能的义务等等。

在此要特别指出的是，在会计术语的质量特征中要求会计术语的单一性，并将其视为会计术语的一个追求目标。但是不可避免的是：基于人们日常使用的习惯、人们交流的现实需要、理论的渐进发展、其他领域的影响，会计术语在使用过程中往往会附加一定的含义，而逐渐改变其单义性，而变为多义会计术语。

在此一个恰当的例子是：“现金”这一会计术语的含义附加。现金作为企业的一种资产，其起源的含义是企业在某一会计时点所持有的现钞，但随着该术语的使用，人们基于国际交往的扩大而附加上“外币现钞”、基于其流动性而附加上“银行存款”、基于对企业现金流的关注而附加上“在短期内可以迅速转变为现金的短期投资”，可见，现金这一会计术语现在已经不再是起初的单义术语。

**2. 多义术语**

如果一个会计术语可以表示两个或者两个以上的会计概念，而这些会计概念之间，又有某种语义上的联系，那么，这个会计术语就叫做多义会计术语。

这种情况主要出现在一些广义性的会计概念中，尤其在一些没有达成共识的会计研究领域中。比如，税务会计的筹划性原则是指“税务会计既要保证依法计税、纳税，又要尽可能地争取纳税人的最大税收利益”。① 再比如，会计政策是指企业在会计确认、计量和报告中所采用的原则、基础和会计处理方法。

**3. 等价会计术语**

如果两个或两个以上的会计术语表示同一个会计概念，那就称这些会计术语为等价会计术语。

比如，会计原则中的稳健性原则和谨慎性原则、记账基础中的权责发生制和应收应付制就是等价性的会计术语。

### 2.7.3 会计术语的编纂

会计术语是一种对会计概念的语言或者文字上的约定性规定。所以，有必要按照一定的规范、在适当的时点上将已经得到大家公认的会计术语进行归纳、汇总，这个过程就是会计术语的编纂。简言之，会计术语的编纂就是把会计术语按照一定的规范要求进行汇编的工作。其目的就是对现有的会计概念、会计术语进行语言学总结，进而提高人们进行商业经济交往、财务信息交流、会计研究和会计教育的效率，从制度上减轻人们在语言上的信息不对称程度。

按照术语学的相关知识，术语的编纂通常分为三种类型：第一种为描写型的术语编纂，把术语按照它们实际使用的情况进行记录；第二种是规范型的术语编纂，把术语按照它们应该如何使用的情况进行记录；第三种是推荐型的术语编纂，即只是推荐术语，并不对其使用情况进行这样或者那样的规定。

在其他学科中，术语的编纂是一项重要而显赫的学术研究工作。这种情况

① 盖地．税务会计原则、财务会计原则的比较与思考［J］．会计研究，2006，(02)：40 - 46 + 96 - 97.

突出表现在物理学、天文学、医学、化学等领域，主持术语编制的学者一般是该研究领域的学术泰斗和知名人士。但遗憾的是：在会计学科，会计术语的编纂尚未引起学术界的重视。

**1. 会计术语的标准化及其重要意义**

会计术语的标准化指对日常使用的会计概念进行统一的规定。其通行的步骤是：以科学、技术和实践检验的综合成果为基础，经有关方面充分协商一致，由相关权威部门批准或发布，作为共同遵守的准则和依据。

有必要指出的是：在会计术语的标准化过程中，对具体的会计概念存在一个再抽象的活动，将某个会计概念中不必要或者和其他会计概念有理论交叉或冲突的非本质属性舍弃，赋予该会计术语以标准化属性，进而保证会计术语的交流便利性和确指性。这一点在我国 1983 年颁布的国家标准《GB3935. 1 – 83 标准化基本术语第一部分》中就有较详细的论述，在该文件中将“标准化”定义为“在经济、技术及管理等社会实践中，对重复性事物和概念通过制定、发布和实施标准，达到统一，以获得最佳秩序和社会效益”。所以，从该意义上讲，在会计日益成为一种重要的经济管理活动、会计信息的经济后果性彰显的今天，是应该将会计概念进行标准术语化的时候了，其意义在于：

第一，会计术语的标准化是对会计概念的语言再造，本身就是对会计概念的一次实践检验。同时，也便于人们更深入把握会计概念的属性。

第二，会计术语的标准化是会计概念的一种大众化。从学科属性上讲，会计是一门社会科学。与自然科学在高、精领域的曲高和寡不同的是，会计学科的发展应该紧密联系社会经济的发展和贴近社会公众的生活。特别的，在新世纪社会各界公众的财富管理意识逐步增强、国家立法大力保护私有财产的现实法治环境下，让会计尽可能地走出学术殿堂、让更多的社会大众了解会计进而学会会计思维是切实保护公民私产的一种基础性的制度建设。

但遗憾的是：很多中小投资人对会计知识知之甚少，对会计知识望而却步，笔者认为一个重要的原因在于：会计术语尚未进入标准化时代。

第三，会计术语的标准化将有力地促进经济的全球化交往。在上文中，笔者已经多次提及的是：会计术语的标准化将起到一个在制度上减轻人们在语言上的信息不对称的基础性作用。

在这里，笔者想进一步提及的是：放眼于经济的全球化，我国的企业和公众与世界的交往越来越紧密。随着国内资本市场的发展和开放以及企业融资、投资的国际化①，会计术语的标准化实际上已经不是一个国家、一国公民范畴的客观要求，这是一种双向经济互动交往的基础性工作。也就是说，这里的会计术语标准化暗含着会计术语的国际化。

但是就笔者所见，目前除了几本冠名为“会计英语”或“会计英文词典”的书籍之外，实难见到中英文的会计术语对照文献，更何况奢望由双边或多边的会计权威组织或政府机构编纂的会计术语中英文对照或者与其他语种的对照文献。可以断定的是：这种空白不利于会计的全球趋同，不利于经济的全球化，不利于我国或相关主权国家的金融监督与合作和其他领域的监管②。

**2. 会计术语标准化的方法和原则**

在会计术语标准化的进程中，明确其方法和原则的主要目的在于：①可以使会计术语工作者根据同样的原则来进行工作，这样，工作的效果会更好、效率会更高，同时，不至于因为方法原则的不同而作无休止的争论。②便于会计术语的交流。③根据方法和原则可以对新的会计术语进行质量检验。

按照会计术语的理论地位和实践意义，会计术语的标准化应该遵循的原则主要有：

（1）会计术语的标准化要先于技术的标准化

在会计实践中，目前还存在着这样一种现象：可能对相同的概念采用不同的会计术语，而对不同的会计概念采用相近的会计术语。所以，会计术语的标准化是一种会计工作规范化的基础性工作。在普遍采用计算机技术等高科技手段进行会计核算和管理的今天，对会计术语的标准化就显得尤为重要。

（2）会计术语的标准化应该以语言简练为目的

① 在我国现阶段，外国公民可以通过 QFII 间接投资中国企业，中国公民可以通过 QDII 或银行的理财产品间接投资国外资本市场。

② 在此，不得不提的是：我国的很多制造型加工企业频遭西方国家的反倾销调查，一个重要的原因是国际通行的财会制度与国内的区别、冲突。对国际竞争规则、惯例的了解把握不够，受害的往往是中国的本土企业。

由于人们在经济交往中对便利性的客观要求，人们总是希望用有限数目、简洁易懂的会计术语来达到交流的目的。这也就是说，中长期内那些冗长、晦涩的会计术语将被无情地抛弃，这是会计术语使用者用“嘴”投票的结果。

（3）会计术语的标准化必须是灵活的

由于会计实践的丰富性，新的会计概念将层出不穷，老的会计概念的内涵也将不断地进行充实和变化，所以，为了适应这种会计实践丰富性的需要，会计术语的标准化必须有一定的灵活性，可以根据会计实践的发展对已有的会计术语进行适当的改变。

但是有必要指出的是：这里的灵活性是适度的，作为公认的一种规范要求，会计术语必须保持相对的稳定性。

（4）会计术语的标准化必须采取集体工作的方式来进行

基于会计术语由会计工作者和相关人员在日常工作中高频率使用，因此，对会计术语的标准化应该采取集体作业的方式，贯彻“从会计群众中来、到会计群众中去”的实践路线，避免闭门造车、专家把持的现象。

**3. 可能的发展方向**

如果按照地域适应范围的角度来分析会计术语，可以将其分为不同的级别：

（1）次国家级

次国家级是指会计术语的范围只是局限于某个国家的一定地域，比如某个省、市、县。

简言之，次国家级的会计术语是会计概念的方言，一如本书 2.7.3 中脚注中提及的“刚性资产”。

（2）国家级

国家级是指会计术语的适用范围在一国的范围之内。比如，我国的企业会计准则体系中的“同一控制下的企业合并”和“非同一控制下的企业合并”等会计概念之会计术语就是一个国家级的会计术语。

（3）地区级

地区级是指会计术语适用于某个地区，该地区包括几个主权国家。比如，在英联邦国家中的“真实和公允”的会计概念。

（4）国际级

国际级是指该会计术语是国际上通用的。比如，由国际会计准则理事会颁布的、已经得到大家公认的会计术语。

有必要指出的是：会计术语级别的渐进是一个过程，一般是由低级向高级递进的过程。同时，这个过程与会计术语原适用范围的地域、国家、地区的经济实力、会计发展水平等因素有极大的关联关系。一般地，当一个国家的经济实力强，国际地位显赫，会计研究、实务以及会计教育水平领先的话，其会计术语的输出就变得水到渠成。

这里的简单例子是：美国是 20 世纪的超级大国，其资本市场是全球最大的市场，而且开放程度较高，有健全的分层次的资本市场体系，这样就吸引了众多的外国公司到美国融资，进而就顺理成章地要求这些公司了解和遵守美国的会计准则、使用该国的会计术语，而渐渐使美国国家级会计术语成为国际级的会计术语。也就是说，经济实力、会计水平、市场发展程度等因素是会计术语输出的铁律。

# 第3章 会计概念体系研究

## 3.1 会计概念体系

### 3.1.1 会计概念体系的定义

明确会计概念体系的定义首先应该从概念体系入手。

根据逻辑学有关概念的基础理论，各个具体的概念之间并不是相互独立的，而是普遍联系的，这种概念之间相互联系、相互作用而形成的有机整体就构成了概念体系。

实际上，一个有效的概念体系不是简单理性知识的拼凑，而是有一定的内部结构、在逻辑上反映客观对象的本质和发展规律的知识体系。具体而言，会计概念体系就是会计概念之间相互联系、相互作用而形成的有机整体。

### 3.1.2 会计概念体系的研究意义

对会计概念体系的研究由来已久，各国的会计学者分别从各个方面和角度论述了会计概念体系的建立和完善，取得了丰硕的研究成果，而其中又以财务会计的概念体系①为甚。笔者认为，研究会计概念体系的意义有：

**1. 总结既有的、达成共识的会计理性认识**

会计理性认识是会计从业人员在长期的会计实践中探索、积累的会计经验总结。在一定的认识周期内，人们形成了对某些会计理性认识的共识。但自然、

① 实际上，财务会计概念体系就是我们通常所讲的财务会计概念框架或结构。

自发、个体形成的会计理性认识的共识只是一些会计知识的简单积累，必须还要经过一定的总结后才能成为体系化的会计理性知识，这样才有利于会计知识的积累和传播。

**2. 统驭诸多会计概念，协调概念的矛盾发展**

会计学科是不断发展的，是随着会计人员认识水平的提高、经济工作的内在要求、其他学科的发展而发展的。在此渐进的发展过程中，会计学科的发展总是伴随着旧概念的消亡、新概念的产生，如果没有一个系统化的会计概念结构，会计概念间的关系就会非常混乱，这样也就不利于会计学科的发展和经济管理水平的提高。所以，有一个能统驭诸多会计概念、协调会计概念的矛盾发展的会计概念体系就显得非常必要。

**3. 指引会计研究的方向，推动会计理论研究**

会计研究不是随机的，而是存在一个选择研究方向的问题。一个有效、协调的会计概念体系可以指引会计研究工作者了解目前会计研究的大体现状，继而结合自己的实际情况选定相应的研究方向和领域。

**4. 指导会计实践**

虽然会计实践工作有相应的会计规范体系进行指导，但是会计实践的丰富性和复杂性决定了会计规范不可能完全覆盖会计实践的所有领域和环节，所以在出现会计规范的真空时，就需要会计概念体系的指导。也就是说，在缺乏权威性文件的情况下，会计概念体系由于其前瞻性、理论性等特性，可以为会计人员的职业判断提供理论上的指导。

### 3.1.3 会计概念体系的构建方法和基本特征

**1. 构建会计概念体系的方法**

虽然不同的会计概念体系呈现千姿百态，但其构建方法并不是没有规律可循。从相关学科的概念体系建立的实践来看，通常采用的有两类方法，即形式逻辑的公理化方法和辩证逻辑的矛盾分析方法：

（1）以形式逻辑的公理化方法构建会计概念体系①

公理化方法是一种整理学科理论知识体系的方法论，主要被广泛地运用于自然科学独立学科知识体系化的过程之中。最著名的当数欧几里德在他的《几何原本》中构建的几何知识的框架。在该书中，作者从已有的相对独立的几何定理中选择少量原始概念和不需证明的几何命题作为定义、公理和公设，使之成为整个几何学的出发点和逻辑依据，进而在此基础之上运用逻辑推理演绎得到其余所有几何命题。欧几里德由此创立的演绎体系被称为实质公理系统，而他用来对几何学知识体系进行重构的方法就是公理化方法。希尔伯特后来进一步提出了形式公理系统，与实质公理系统相比，其涉及的概念是未加定义而由公理加以刻画的初始概念。通过对初始概念进行不同的解释，一个形式公理系统可以有不同的论域。从这个意义上讲，它为公理化方法在社会科学中的应用奠定了基础。

公理化方法的应用之一是利用形式逻辑建立学科理论知识的体系。关于形式逻辑在会计基本理论发展中的作用，利奥·A·施密特教授曾做过有益的探索。

他提出，演绎逻辑是通过显示讨论中的某一现象是一种公认判断的特定例证或应用，从而形成结论的过程。公认判断在专业上称为大前提，特征事实的表述则称为小前提。而且，他还尝试着列举了三个会计方法中的大前提以及如何运用三段论式的演绎方法表述存货计价的方法。他在研究中将演绎的方法引入会计学，具有一定的学术价值。但其中仍存在一些不足：他仅仅看到在会计师的日常工作中的确存在着一些观念性的公认的前提，而他们所做出的判断又往往是基于某种前提的暗示，但是对于这种暗示的实质并没有加以揭示。而且，他没有具体解释这些前提在会计基本理论结构中的地位、作用以及理论本身发展所可能遵循的途径。他的观点还停留在对会计活动的直观感受上，而尚未将其与公理学以及数理逻辑的研究成果相结合，上升为一种系统化的理性认识，因此也没能指出会计学演绎方法的本质。

---

① 李辰．公理化方法的会计学应用：会计基本理论的解构和重构．会计研究［J］，2003，（09）：3－7＋65．

在这方面，我国会计学者也做出了积极的探索，李辰教授和韩传模教授分别在2003年和2006年发表论文就用公理化方法建立会计基本理论体系做了较深入的探讨，认为已有的会计研究逻辑起点实质上就起到一个会计公理的作用，并进一步阐述会计惯例可以成为会计公理的组成部分。

实际上，运用公理化方法建立会计概念体系有其独特之处，其优点主要表现为：①公理化方法保证了定理的逻辑层次性。定理都是从公理出发通过严密的推导而得到的，每一个次级定理又都是从上一级定理演绎而来，从而有效避免了理论表述中可能存在的循环定义问题。②公理化方法保证了定理的正确性。人们只需验证少数几条公理就可保证定理的正确性，弥补了人类经验的不足，为理论发展提供了一种有效的形式。通过形式系统构建的理论能够揭示出各学科对象领域中丰富的逻辑联系，使研究者在现有的知识框架和体系范围内对理论做进一步的探索和完善，发展知识，对该领域中的事物和现象做出合乎逻辑的预言和猜测。③公理化方法有助于学科结构的简单化。简单程度是理论自身完善的一个主要标志。“科学的实际进展是受着经济和简单这一准则支配。”“新理论要是不具有一定程度的简单性和美观，也决不会被接受。”[①] 恩斯特·马赫则指出思维经济原则是科学事业的调节原理。他指出：“科学本身……可以看作是一个尽可能用最少的思维最全面地描述事实的极小值问题。”[②] 所以，也许基于此，在学科的横向竞争中，人们往往以是否建立了一个公理化的知识体系为标准来考量该门学科的科学性[③]。

但运用公理化方法也有其缺陷，主要表现为：①逻辑起点的选择比较困难，也就是说选择少量原始概念和不需证明的命题作为定义、公理和公设的难度较大，而且在学术界也不容易取得共识。②公理化方法依据的是形式逻辑的推演，其严密性强，但社会科学理论不存在一个绝对的真，而只需被证伪，所以从逻

① 菲利普·弗兰克著，许良英译．科学的哲学——科学和哲学之间的纽带［M］．上海：上海人民出版社，1985.

② 约翰·洛西著，邱仁宗等译．科学哲学历史导论［M］．武汉：华中工学院出版社，1982.

③ 实际上，学科的科学性特征不仅表现在其理论体系是否严密，而更重要的是在于其改造自然、建设社会的能力。退一步讲，在某个历史时点上被普遍认为是科学的理论，随着时代的变迁、人们知识的积累以及科学的新发现也有可能被证伪，这不仅表现在社会科学领域，也表现在自然科学领域。

辑推演的角度是不恰当的①。③公理化方法在一定的程度上限制了人的思维跳跃。形式逻辑主导下的公理化方法其推演的步骤紧密性强，在思维上容不得不合形式逻辑的思维跳跃。但在一些社会科学领域，特别在一些新兴的社科研究领域，往往思维在极度跳跃中才能闪烁着理论价值的火花，所以如果固守公理化方法的话，会在一定的程度上禁锢探索者的思维。

（2）以辩证逻辑的矛盾分析方法构建会计概念体系

以辩证逻辑的矛盾分析方法构建概念体系在其他学科中也是一种较常见的方法，比如在革命巨著《资本论》中，马克思实际是运用了矛盾分析的方法来构建概念体系的。具体而言，《资本论》是以商品为分析研究的逻辑起点，在该书中并不是把商品单纯地作为物质来看待，而是将商品看作人与人之间关系的体现，即一种社会关系，这是该书矛盾分析的起点。既然商品的实质是一种社会关系，所以就包含相互关联的各个方面，而使用价值和价值两个方面就包含于其中，这是必然的逻辑推演，其后再分析在使用价值和价值的背后实质是劳动二重性使然，使用价值和价值是对立的又是统一的，这个分析过程既是矛盾的展开，又是矛盾的解决。进一步讲，马克思对商品的分析是通过概念的辩证运动而完成的，又通过矛盾分析法而得以展开。在概念体系上表现为相关概念的辩证运动与发展，从分析最简单、最普遍的东西（即商品）入手建立概念体系，也就是说蕴含在商品中的基本矛盾为概念运动和发展的主线，在矛盾展开和解决过程中自然而然地建立起政治经济学的概念体系。不可否认的是：马克思的精辟角度是成就其鸿篇巨制的一个重要原因，以至于构建出《资本论》那浑然一体的前后逻辑一致性。

如果借鉴马克思的思路，会计概念体系的构建有赖于对会计中最简单、最普遍会计事物的把握，而这种看似简单的会计事物实际上又蕴含着会计中最本源的矛盾。也就是说，选择的起点要能够进行矛盾的展开，才能进一步在解决矛盾的过程中发现会计概念的运动的发展，进而使会计概念愈发丰富；同时，也必须注意的是，各个概念、范畴之间的先后顺序和隶属关系明白地展现了这

① 从形式逻辑的经典三段论推理来看，其论证的方法通常是由一个大前提、小前提而推演出结论，只要前提正确和推演形式恰当，必然推出真命题，其论证的结论就为真，而不像社会科学需要被证伪。

一最简单会计事物从开始到终结的整个过程，这样的体系才和会计事物自身的辩证发展过程相一致，从而从根本上谋求辩证法、认识论和逻辑学理论的一致性。

**2. 会计概念体系的一般特征**

无论是采用公理化方法还是矛盾分析的方法，作为会计理性认识的会计概念体系，其逻辑学层面的主要特征应该是相同的，也就是说不论采取何种方式构建会计概念体系，从逻辑学理论的角度讲，都要符合以下特征：

（1）整体性

所谓整体性是指会计概念体系内部应该有一个严密的结构，从而表现为一个不可分割的整体。这是因为：①会计概念体系应该是对会计领域客观事物的整体反映，它不应该只是顾及某一个或一类会计概念、判断和推理，而是对整体的反映，是一个由许多概念、判断和推理构成的一个有机整体，而且他们之间并不是孤立的，而应该是相互联系的。②一个会计概念体系有多个组成部分，任何一个会计概念都不能从该体系中孤立出来。也就是说，对某一具体会计概念的认识要放在整体的会计概念体系中分析，而不能去孤立地去认识它。③整体性的相对性。会计概念体系作为人们对会计知识的理性认识，是客观会计事物见之于主观思维的结果，所以在良好的学术愿望下，会计学者总是希望会计概念体系和客观会计事物是吻合的，但基于人的有限理性、客观会计事物的复杂性等原因，既有的会计概念体系只是现阶段会计知识的总结，不可能囊括会计事物的整体，这就是会计概念体系整体性的相对性一面。

（2）一致性

所谓一致性是指会计概念体系内部是协调的，不能存在逻辑关系上的冲突。这一点实际上是形式逻辑的要求，是任何知识体系所必须遵循的。

比如，在对高质量会计信息的探讨中，何谓“高质量”是该问题的关键所在，即符合什么样条件的就是“高质量”，反之就不能称之为“高质量”。就目前的研究成果而言，有的学者认为，只要程序理性就是高质量，在他们看来会计信息的输出应该遵守会计准则的规范要求，只要符合了会计准则等会计规范的要求就是高质量的会计信息；相应地有的学者认为，只有程序理性是远远不够的，其原因在于会计规范本身的不完备和会计人员的有限理性。在顾及程序理性的同时还要考虑结果理性，所以在具体的会计确认、计量、列报和披露上，高质量的会计信息应该是结果理性的，即会计信息应该能反映会计事物之真实本身，而不是经过会计准则等规范的“程序过滤”而不能反映其真实本身。

这一点从2006年颁布的新会计准则中也有所反映。比如第3号会计准则中对投资性房地产的会计处理。在该准则第12条规定“已经采用公允价值模式计量的投资性房地产，不得从公允价值模式转化为成本模式”。从表面上看，是为了堵塞企业进行盈余管理的渠道。但从结果理性的角度讲，假如已经采用公允价值计量的房地产，随着环境的变化，已经不具备采集公允计量的外部条件时，仍然使用公允价值模式进行资产计量就显得很不恰当。虽然准则有在期末可根据最近的公允价值进行调整的规定，但外部公允价值取得条件已经不具备时，遵从该条规定实际上已经没有任何意义；同时在公允计量模式下对相应的房地产不计提折旧和摊销，这和资产实际的未来现金流入也不一定是完全吻合的。所以，从这一点看第3号准则在一致性方面还是有进一步改进的必要。

（3）简单性

所谓简单性是指会计概念体系在逻辑上应该是简单的，其包含的彼此独立的假设最少。也就是说，整个会计概念体系应该建立在简单的假设之上，这样就为其广泛适用性打下基础。

比如，财务会计的四大假设：会计主体、持续经营、会计分期和货币计量就是简单性的体现。其实质是构建一个企业最简单的特征：一个在可预见的将来能够生存、以货币核算、需要定期计量成果的经济组织。

（4）推导性

所谓推导性是指会计概念体系内部的各个概念之间具有一种可以互相推演的性质，因而在理论体系中的每一个概念自身必须具有严格的、准确的涵义，同时又与其他概念保持有机联系。事实上，科学的会计概念体系化，不是个别概念、判断和推理的简单相加，也不是他们之间的机械结合，而是会计理性知识的有机结合。在成熟的会计概念体系中，任何一个会计基本概念都不是任意的。一方面，这些基本概念的涵义不是任意的，而是严格的；另一方面，为了使基本概念的涵义不是任意的，必须借助于基本概念之间的逻辑联系，使每一个基本概念在会计概念体系中的地位也不是任意的，而是在逻辑上是相互制约的、确定的。也正是基于概念之间的这种逻辑联系，各个基本概念都必然固定于体系的某一个环节之上，从而也就使会计概念之间必然具有一种可以推导的性质。

（5）多样性

会计概念体系必须反映作为多样性统一和有机整体的会计对象的实际情况，必须具有客观真实性，否则就不能称之为一个科学的会计概念体系。因此，会计研究对象的领域不同，相应的会计概念体系就有所不同。也就是说，对应于不同的会计研究对象领域的会计概念体系必然地体现其自身独特性。就好比管理会计的概念体系和财务会计的概念体系就有所不同，其关键在于前者主要面对企业管理的内部会计信息的需要，而后者主要满足对外会计信息的需求，所以对于这两者而言，在建立相应的会计概念体系时就不得不对其研究对象领域加以考虑，进而在会计概念体系上就会有所不同。

（6）多角度

从逻辑思维的角度看，会计概念体系的建立有赖于会计人员逻辑思维的能动作用。会计对象暴露给人们的并不单纯是它的本质，它是在纷繁复杂的现象中表现其本质的。同时，会计对象的运动和发展也不是秩序井然、有条不紊的，而是在偶然性中表现其必然性和规律性的。所以，由于上述原因，一个会计学者如果不借助逻辑的力量，那么不论他收集到多么丰富的感性事实的材料，他仍然无法促成一个科学会计概念体系的建立。实际上，在人们认识事物的过程中，将已经拥有的知识构造成为概念体系，也就是会计学家用一定的逻辑方法对已有知识进行科学的整理和总结。正是通过这种整理和总结，人们才有可能总结会计知识、揭示会计概念之间的内在联系，从而把感性事实的会计材料抽象为一种合乎规律的东西纳人会计概念体系的逻辑结构。但不得不指出的是：建立会计概念体系的会计学者都是有限理性的人，他们所拥有的直接知识和间接知识可能是因人而异的，因而不同的会计学者在具体的会计概念体系的建立中，都不可避免地带有个人的烙印，会从不同的角度、采用不同的逻辑方法去构想他们认为最理想的、最科学的会计概念体系。所以，即使对相同的会计研究对象，不同的会计学家对会计概念体系的构建也是不尽相同的。比如，只要稍微注意一下《会计研究》等相关杂志和相关的会计理论著作，就会发现其对财务会计概念体系的认识就是仁者见仁、智者见智的。

### 3.1.4 辩证而又唯物地构建会计概念体系的原则

如上所述，既然构建会计概念体系是会计理性知识走向成熟的必经之路。那么接下来的一个重要问题就是如何构建之。也就是说，我们首先要解决其构建的原则：

**1. 体现唯物主义和客观辩证法的一致性**

这里的一致性是指会计概念体系的建立必须体现唯物主义的发展原理与世界统一理论的有机结合，坚持会计概念体系与客观辩证法的一致性，这也是构建其他学科概念体系所应该共同遵守的原则，这是因为：①要以辩证唯物主义的态度看待会计概念的具体性。会计概念不是从来都有的，有一个产生、发展的过程，而且各个会计概念之间也是普遍联系的、相互转化的，所以对待会计概念要重视会计概念的具体性，方能把握会计概念的全面和总体，才能在对立统一和普遍联系中把握会计概念体系的真理。②马克思主义的经典论述认为，世界统一于物质，也就是说，一切精神性的存在，如人的思维、概念等都应该是以客观事物为基础而统一起来的。这不仅仅是因为人的思维及其形式归根到底是对客观事物的反映，而且也因为一切概念按其内容而言都是自然界在人的认识之中的反映形式。因此，在建立会计概念体系时也应该体现其客观统一与物质的一面。③客观辩证法的运用。所谓客观辩证法是与主观辩证法相对，指客观世界本身固有的辩证运动及其规律。人类的实践和科学的发展已经不断地证明，客观世界是普遍联系和永恒发展的，整个世界是一个相互联系的统一整体，任何事物都因内在矛盾而和其他事物相互作用，正是这种相互作用构成了运动。客观辩证法是在客观世界中自然地发生作用的，以外部必然性的形式在无穷无尽的表面偶然性中为自己开辟道路。客观辩证法的基本规律包括对立统一规律、质量互变规律和否定之否定规律等。客观辩证法是第一性的，主观辩证法是对客观辩证法的反映，是第二性的。人们只有遵循客观世界的规律，才能实现认识世界和改造世界的目的。但是人类对客观辩证法的把握，又是在不断发展的辩证思维和认识过程中达到的。只有依靠主观辩证法即辩证思维能力的不断提高，才能增加对客观世界辩证运动及其规律的认识；研究和把握客观辩证法，归根到底是为了把握指导人们实践活动的客观规律和科学方法。唯物辩证法就是以客观辩证法为实际内容，以逻辑的形式和观念形式科学地再现事物的相互联系、永恒发展和矛盾运动的理论体系。

**2. 体现辩证唯物主义认识论**

在会计概念体系的构建过程中，要求必须体现辩证唯物主义认识论的基本原理，坚持会计概念体系与认识的辩证运动的一致性。从逻辑学的学科本性看，逻辑学是人类思维规律的概括。会计概念在个别辩证论者头脑中的发展，是会计概念在会计认识史中发展的一个缩影。因此，在会计概念体系中，会计概念之间的顺序和展开，也以压缩和概括的形式反映人们认识会计世界的客观历史进程，反映概念形成和发展的历史，体现会计概念体系和人类会计认识的辩证运动的一致性。

关于这一点，从人对资产的认识就可窥其端。在远古社会，原始人对资产的朴素认识是部落的领地、猎物等。由此可见，在人性初开的岁月中，对资产的认识还是朴素的。进入奴隶社会，对奴隶主而言，资产不仅包括领地等，还包括实实在在的人——奴隶。而在奴隶之名下没有任何资产可言，他们没有了人身自由又何论拥有资产，这不仅是一个会计认识问题，也是社会文明和野蛮见之于会计的一个表现。进入封建社会，才开始了人类历史上真正的现代文明的萌芽，无产者第一次不再依附于别人①，在封建主眼里，人不再属于资产的范围。在现代社会中，资产概念的外延不断扩大，从无形资产到有形资产，从拥有的经济资源到控制的经济资源都属于资产的概念。

① 在封建社会中，虽然无产者不像奴隶社会那样依附奴隶主，但无产者为了生计还是不得不出卖自己的劳动力，而间接依附于封建主。但可贵的是：一些勤劳、聪明的无产者往往会通过自己的努力进而获得物质上以至经济上的自由，这不能不说是社会的一种进步。

### 3. 体现国别特色

国别特色是指必须体现国别的因素，充分重视经济制度、法律制度和社会文化等因素对会计环境的重大影响。在如上的第1、2个原则中主要是从认识论的角度分析会计概念体系建立的原则，也就是说这是任何一个学科或知识体系建立概念体系都必须遵守的原则，但应该引起我们注意的是会计学科或者说会计知识体系有其独特的一面，所以在建立会计概念体系时，重视国别的因素就是马克思具体问题具体分析的运用。

从历史唯物主义的角度讲，会计从它产生的那天起就存在着国别的因素。直到经济全球化的今天，在国际会计准则委员会等国际组织致力于会计国际趋同的大背景下，国别的因素依然存在。

这一点从我国2006年颁布、2007年开始执行的《企业会计准则》的条款中就可见一斑[①]：①关联方关系及其交易的披露。国际会计准则将同受国家控制的企业均视为关联方，在财务报表中要求充分披露。但这一规定不符合中国的实际，因为中国的国有企业及国有资本占主导的企业较多，如按国际会计准则规定，大部分企业都是关联方。因此，我国《企业会计准则》规定，仅同受国家控制但不存在控制、共同控制和重大影响的企业，不认定为关联企业。这一点也得到了国际会计准则理事会的认同。②长期资产减值准备的转回。国际会计准则对企业计提的固定资产、无形资产等非流动资产减值准备允许转回，计入当期损益，而中国会计准则一般是不允许企业转回的。

再比如，一国的法律传统、社会文化也在一定程度上影响会计概念的产生、发展和运动。在大洋法系的国家，人们的市场经济意识、法律规范意识源远流长；而在中东等宗教立国的国家，人们的宗教意识浓厚，人们在物质诉求之外更多关注精神上的享受。对宗教信徒而言，在朝圣的季节中没有任何事情比到宗教圣地与心中的“圣主”约会重要，由此在会计上表现为人力资源的价格居高不下，工资薪金的支出不仅仅是对其生产能力的购买，也是对其精神追求的一种额外补偿；相对而言，这种情况在非宗教国就实实在在地表现为人力资源

---

① 财政部会计司编写组. 企业会计准则讲解［M］. 北京：人民出版社，2007：6.

的价格。

这些事实都充分说明国别在一定的程度上对一个国家的会计确认、计量和报告有重大影响，而会计概念体系是概括反映会计事物运动发展的总体性知识总结，所以，在构建会计概念体系时充分重视国别的因素是必要的，也是不可回避的。

**4. 体现学科特性**

从学科特性上讲，会计是一门经济管理学科，其实质是通过一系列核算、监督、计划、控制等管理活动实现企业的经济效益和社会效益的双丰收，因此在构建其会计概念体系时要充分体现这一方面的要求和特性，主要表现为：①会计是一门目标导向型的管理活动，目标的指向性作用对构建会计概念体系的影响是该体系也应该是一个目标导向型的框架，即会计概念体系有能够通过指导、预测去实现目标的理论特征。②既然会计是一项管理活动，同时概念体系的建立是人们对会计理性知识的总结，那么在构建会计概念体系时就不得不考虑人的因素。一方面，会计概念体系要符合有限理性人的思维规律，符合形式逻辑和辩证逻辑的理论思想；另一方面，会计概念体系的指导、预测功能的发挥也离不开人的执行和贯彻。一个有效的会计概念体系应该是一个具有操作指导性的理论知识总结，不仅仅要有会计理论知识的总结体现，同时也要体现符合人的逻辑思维进而可执行的特征。

## 3.2 构建会计概念体系和会计基本概念

### 3.2.1 构建会计概念体系的现实选择

如前文所述，在论述了会计概念体系的意义、构建方法、原则之后，接下来的笔墨就应该放在如何构建会计概念体系的问题上。

### 1. 构建方法的选择

以矛盾分析方法为基础进行逻辑推演的复合方法更可行。在前文中较详细地论述了公理化方法和矛盾分析方法的优缺点，简言之，前者是秉承形式逻辑的学术规范，而后者以会计事物的矛盾分析为起点。从目前各国对会计概念体系的研究的现状来看，科学化构建会计概念体系的思想愈发明显，即以大家公认的会计判断作为逻辑分析的起点，这是公理化推理的一个显著特点，但在后续分析方法上却较多使用矛盾分析方法。也就是说，其构建会计概念体系的方法是如上分析的两种方法结合。从目前财务会计概念体系构建的现状来看，其取得的成果是显著的，但也存在不可回避的、显而易见的缺点。以美国的财务会计概念框架为例，就存在如下的逻辑矛盾①：

（1）直接从财务报告的目标转换为财务报表的要素

在第 1 号概念公告中讨论的是财务报告的目标，但在第 5 号概念公告中就对财务报告和财务报表的要素进行了自动转换。这一自动转换，使财务报告宽泛的目标直接具体化为财务报表的要素，丢失了重要的内容。

（2）第 1 号概念公告所界定的目标没有贯穿始终

按照第 1 号概念公告所界定的目标，财务会计应该提供对现在和潜在的使用者的投资决策、信贷决策有用的信息（第 34 段）；在讨论了不同的使用者类型之后，第 37 段认为，财务报告应该提供有助于信息使用者评估报告主体未来现金流量的数额、时间和不确定性的信息。这些现金流量包括来自股利或利息的未来现金收入、销货及证券或贷款的赎回或到期等的收入。而在第 37 段，却只强调应该提供关于主体资源、资源的要求权及其变动的信息。

（3）资产的定义与确认、计量之间的不一致

第 3 号概念公告和第 6 号概念公告的一个创举是将资产定义为“可能的未来经济利益流入”，也就是说这是资产的一个重要特征。第 5 号概念公告认为，确认是将一个项目正式列入主体的财务报表，作为资产、负债、收入、费用的过程。确认同时涉及文字和数字描述。确认的四条标准为：可定义性、可计量

① 葛家澍等．会计大典——会计理论［M］．北京：中国财政经济出版社，1998：159.

性、可靠性和相关性，其中可定义性要求所要确认的事项必须符合财务报表中所要确认的要素的定义，比如，一项资源只有符合了资产的定义，才能被确认为资产。资产的最本质特征是未来经济利益，而最能反映这一本质特征的计量属性，应当是未来收益现值。然而，第 5 号概念公告在讨论经济属性时，却认为现行的会计模式是一个以“历史交换价格”为主、同时采用多种计量属性的模式。该公告不期望选择一种属性强制性地推广，这实际上是在构建概念框架时向实务屈服，而破坏了概念之间和内部的逻辑一致性。

从上述逻辑矛盾的出现可以看出，逻辑一致性得不到一以贯之的执行，其根源与逻辑起点的选择无关，而是在于推演中没有认真地执行形式逻辑的推演原则，概念本身在推演的前后没有保持确定性、单一性的要求。同时，在会计目标指引下的会计概念框架本身就带有很多的“功利性”，在追求“功利性”的同时就不可避免地丧失了逻辑一致性，这不能不说是会计学者的一种遗憾。

在马克思的著作《资本论》中，马克思从资本主义最本源的商品出发，研究资本主义的经济规律，从而形成一以贯之的逻辑体系。这一点对会计概念体系的建立是有借鉴意义的。所以，笔者认为，建立会计概念体系应当从会计领域最本源的事物分析开始，运用矛盾分析的方法，从而避免逻辑的混乱。当然，在具体的逻辑知识运用时还是必须遵守逻辑理论。

**2. 谁是会计领域最本源的事物，即矛盾分析的起点是什么**

就笔者所见，目前对会计研究起点的观点有会计假设起点论、会计环境起点论、会计目标起点论、会计本质起点论、会计对象起点论等，其中后两种观点是我国学者的独创。实际上，这些理论都从不同的侧面为我们分析会计领域最本源的事物提供了借鉴，对这些观点的辨析将有利于会计领域矛盾分析起点的确定：

（1）会计假设起点论

会计假设起点论认为，面对变化不定的会计环境，会计假设是客观环境见之于主观推理最本质的东西，是会计环境对会计的约束，只有以会计假设为逻辑分析的起点才具有逻辑严密性和客观性，其特征是强调会计环境对会计的制约作用。其逻辑体系为：会计假设、会计原则、会计程序、会计方法、会计要素、财务报告。

该理论是西方会计界首先提出的，在美国会计原则委员会时代得以发展，由于不能由会计假设自然而然推导出会计准则，其会计要素之间存在逻辑的不严密、前后不一致，而最终被淘汰。

从会计假设推出会计原则的过程中，实质强调的是会计环境对会计的制约作用，会计人员不得已而通过反映客观环境的主观推理而提出会计假设，在这一过程中实际上是抽象而舍弃了会计环境、会计对象等方面的很多信息，比如以货币计量的假设就是把非货币计量的信息过滤掉。会计主体的假设严格要求财务会计的确认、计量、记录和报告保持独立性，在此逻辑假设下似乎不必关注一个会计主体的财务投资人，而这点和当前实际的市场经济环境是不相吻合的①。例如，在中国目前的证券市场上，一个微利甚至亏损的企业可以因为其在一个行业或企业集团中的战略枢纽地位而获得资本市场的高溢价。

（2）会计目标起点论

该理论认为，会计目标是会计所要达到的境地；会计是一个以提供财务信息为主的经济信息系统，作为一个人造的系统，必须明确目标，只有以会计目标为依据形成的体系才是可靠的和首尾一贯的；而会计目标是将会计实践与会计环境联系起来的中介，以会计目标为起点可以增强会计理论的实践性和可检验性，其逻辑体系为：会计目标、会计假设、会计要素、会计准则、会计实务。

以会计目标为逻辑推演的起点在学术界获得了较多支持，特别是在西方国家，以会计目标为起点的研究已经深得人心，但该理论也存在着一些不可回避的缺陷②，如会计目标有一定的主观性，目标是一种假定，目前还无法验证，缺乏客观依据；另外，对会计目标本身还存在不同的认识，以需求为导向的决策有用学派和受托责任学派在会计目标的认定上分歧还比较大，由此直接造成两派在会计准则和财务报告环节上的差异。

---

① 时入21世纪，企业的生存空间和压力倍增，一个企业的生存、发展仅仅关注产品的经营是不够的。一个成功的企业在于其为社会创造价值的多少，而价值链的扩张是以其控制力为依据的，而该控制力的掌控不是一个单一的企业所能实现的。在当前的市场经济中，以股权、协议为基础的企业之间的战略联盟为企业实现价值链控制力的主要方式，这样既实现了目标，又分散了风险。

② 于玉林，李端生．会计基础理论研究［M］．北京：经济科学出版社，2001：83.

（3）会计环境起点论

该理论认为，会计目标起点论既未能全面包括会计目标的因素，也未能全面反映会计职能的因素。而环境决定一切、存在决定一切，世界上的一切事物都是由时间、地点等环境所决定的。会计环境是会计内环境和会计外环境的有机结合，其中会计外环境是指社会政治、经济和法律中同会计相关的部分，包括主体的其他职能活动、外部相关利益集团及其活动、经济发展水平和状况、有关法律法规、社会文化背景等因素；会计内环境是指会计实践的发展，具体体现为各个发展阶段的会计人员价值观念、会计思想、会计工作程序和方法、会计工作手段等会计信息系统的内部因素。该理论同时认为，会计外环境决定会计目标，从而决定了会计信息质量特征；会计内环境决定会计的本质，从而决定会计的职能，继而决定会计程序和方法。

但不可否认的是：尽管会计环境对会计的发展产生较大的影响，但环境是事物发展的外因，不能决定事物的本质，只能起影响作用而不能起决定作用。另外，会计环境变化使会计环境起点论的逻辑体系并不能保持稳定性。

（4）会计本质起点论

这种理论是我国会计学者的观点，认为会计本质是会计概念体系中最本质、最抽象、最简单的概念，是决定会计区别于其他事物的根本标志，是决定会计概念体系的基础，其逻辑关系为：会计本质、会计职能和目标、会计假设和会计原则、会计方法体系等。

然而，事实上会计本质只是界定会计的本质属性，而不能逻辑地推导出其他变化不定的会计环境、会计目标等抽象范畴，所以不能作为会计概念的起点。

（5）会计对象起点论

该理论认为，会计对象是会计的客体，是会计反映和控制的内容。首先，会计概念体系实质是对会计理性认识的总结，其起点应该能够揭示会计认识的内容，因此以会计对象为起点符合这种认识的规律。其次，会计概念体系的起点应该能够反映会计学科的学科特点，从会计学科区别于其他学科的特点来看，其会计对象为一个重要的方面，即反映和控制资金运动、揭示资金运动的规律。最后，会计对象是会计领域最具有本源性的抽象范畴，从会计理论上讲，是会计对象决定会计系统的运行对象；在会计实践中，是会计对象为会计系统的确认、计量和报告提供依据。

以上几种理论都从不同的侧面对会计概念体系的起点作出了有益的探索，笔者比较赞同会计对象起点论：

第一，会计对象起点具有其他起点不可比拟的结构张力和推演能力。

会计对象是会计的客体，是会计反映和控制的内容，通过对处于一定会计环境中的会计对象进行分析可以合理地推演出会计假设，这一过程实质上是进一步对会计对象进行时间和空间上的限定和约束，会计主体假设、持续经营假设、会计分期假设和货币计量假设无不是对会计对象的进一步明确化。在这里尤其要指出的是：会计对象是资金的运动及其相关方面，但鉴于目前的会计技术和手段、会计报告信息容量等原因，不能对会计对象的所有资金运动方面的信息做出全面的反映和控制，所以不妨退而求其次，就目前的会计技术和手段、会计报告信息容量允许的空间内进行会计的确认、计量和报告，为此就有必要对会计对象做出进一步限定，这就是会计假设。所以，从这层意义上讲，会计的基本假设并不是一成不变的，而是随着会计环境、科学技术手段、经济发展水平和阶段而有所变化①。

第二，从会计对象和会计目标的关系分析会计概念体系的起点。

所谓会计目标是指会计所要达到的境界。从历史的角度来分析，从会计诞生那天起，生产过程的所得和所费就是一个大家公认的会计目标。随着会计环境的变化，首先受到冲击的是会计对象，其次才是会计目标，这一点是不言而喻的。比如，随着经济的发展，生产的过程不再是简单的重复，资金的运动日趋复杂，资金的循环呈现一种此起彼伏的过程，一定量资本的投入往往不是在一个很短的时间内就能顺利地换回增量的资本。显然，这种资金的运动是自然经济时代所没有的，也就是说经济的发展对会计的冲击首先突出地表现在会计对象上。再比如，在现代公司制企业产生之后，公司制企业在资金的筹集、运用和分配上呈现出与以往企业迥然不同的特征，表现为向不特定的投资主体发

① 在互联网时代，由于电子商务的崛起和科学技术的迅猛发展，会计主体和会计分期等会计假设受到了一定程度的冲击。

行股票以筹集资金、形成法人财产进而委托职业经理人管理公司的资产进行资金运用等，可以说首先是资金运动的变化引起了会计目标的变化，才使受托责任目标升华到决策有用目标①。

第三，从逻辑理论的角度分析，会计对象起点最具有简单性。

在前文中已经多次提及，一个科学概念体系的出发点应该具有能够推演一系列基本概念的特征，这一点上会计对象无疑是最称职的。同时我们也要注意到，会计学科是一个包含多个分支学科的广义学科，因此应考虑总体会计概念体系和分支学科会计概念体系的协调，也就是说在逻辑分析的起点上，会计总体学科和会计分支学科在地位、作用和特点上应该是有所不同的。所以，会计总体学科在构建概念起点时应该以构成认识对象最简单的元素（即会计对象）为逻辑起点比较合适，而分支学科可以有不同于总体学科的逻辑起点，比如财务会计可以以会计目标为逻辑起点，这样反而能突出该分支学科的特点。现代财务会计主要为企业外部的会计信息使用者提供会计信息，其提供会计信息的质量高低和数量多寡直接关系到企业利益相关者的投资决策，会计信息因此有一定的经济后果。所以，作为一个应用学科，财务会计以会计目标为出发点是比较合适的，这样可以直接体现该分支学科的实务性、实用性。

**3. 以会计对象为逻辑起点的概念体系**

综上所述，笔者认为，会计概念体系的起点为会计对象，其逻辑推演的层次为：①第一层次：会计对象界定，含会计系统、会计假设、会计对象、会计本质和会计职能等，其目的是解决一些事关会计学科全局性的一些基本问题。②第二层次：对会计对象的揭示，含会计目标，会计信息质量特征，会计对象要素，会计规范，会计对象要素的确认、计量、列报等，该层次将因为不同分支学科而有所区别。③第三层次：会计对象管理。

其构建的理由如下：

---

① 在这里，笔者用“升华”二字是基于以下的理解：决策有用会计目标并不是全盘抛弃受托责任会计目标，而是在此基础上的一种扬弃，实际上为解除受托责任而提供信息进而决定是否续聘职业经理人本质上也是一种决策。因此，从集合的角度讲，决策有用会计目标是包含受托责任会计目标的，前者是后者的属概念。

第一层次，即对会计对象本身的一些基本概念做出逻辑界定，其采用矛盾分析方法推演的轨迹为：会计系统由相互联系、相互作用的有机部分构成，会计对象是会计系统中最具简单性和推演力的构成要素。同时，会计系统是一个管理信息系统，其直接关注的对象是资金的运动及其相关方面，这就是会计对象。但鉴于目前会计技术手段和科学技术手段的局限性，尚不能对资金运动的信息全面揭示，只能退而求其次，对会计对象进行合适的假设。当然，这种假设并不是随心而欲的，而是在会计实践基础之上的理论抽象，由此产生了公认的会计主体、持续经营、会计分期和货币计量四项会计假设。也就是说，会计假设是为有效提高会计工作的效率而做出的合乎实践的假设，是对会计对象的一种限定和约束。在明确了会计对象、假设之后，在此基础之上界定会计本质和明确会计职能。

第二层次，对会计对象的揭示，也即揭示一个会计主体资金运动及其相关方面的有用信息。在这里有必要指出的是：会计并不是从来就有的，而是在社会生产力发展到一定阶段以后，人们关心所得与所费而形成的，其本质的动力是经济资源的稀缺性。所以，从这层意义上讲，会计本身是一个人造的系统，从它诞生那天起就是在人的一种主观目的的指引下向前发展的，也就是说，它是目标导向的，因此，会计目标对揭示一个会计主体的资金运动及其相关方面是不可或缺的。

实际上，以财务会计为例，其会计目标就是向企业的利益相关方提供对决策有用的信息，在这里实质上是要解决三个重要的问题，即向谁提供、提供哪些信息和如何提供。实际上，由上述三个问题可以逻辑地推导出会计信息质量特征，即拥有会计信息质量特征的会计信息就能够达到提供决策有用信息的基本要求①。

会计对象是资金运动这一论断还是一个比较总括的概念，一个会计主体的资金运动事关方方面面，有必要对其进一步明确化和进行合理的分类，也就是说会计对象要尽量具体化，这样才能提高会计这一经济管理学科的实用性，这

---

① 当然给会计信息使用者提供的会计信息还有一个财务信息列报的问题。

就是我们通常说的会计对象要素①。在这里，有必要重点指出的是：一个会计主体的资金运动表现为动态和静态两个方面，以企业为例，资金方面的动态信息表现一个企业的资金流入和资金流出②，其静态信息是指在某个会计分期的时点上资金的存在状态和结构，这就是我们通常所讲的企业的财务状况。所以从这层意义上讲，财务会计的会计对象要素不应该仅仅包括资产、负债、所有者权益、收入、费用、利润六要素，这是因为该六要素并不能全面反映一个企业资金运动的重要方面③。

在明确了会计对象要素之后，接下来的一个合理的推演就是如何生成会计信息的问题，即所谓的会计规范问题。为实现会计目标、生成符合会计信息质量特征的会计信息，就必须有一系列的规范，供企业处理会计业务时遵照执行，具体而言就是会计对象要素的确认、计量、记录和报告规范。

第三层次，会计对象管理。同样地，这一层次属于专门会计学科的概念体系，就企业而言，内容包括企业的财务管理、管理会计等。

### 3.2.2 会计基本概念

会计基本概念是指在会计学科中处于全局性的概念，比如会计、会计假设、会计对象、会计目标等，以下分述之：

---

① 请注意这里为“会计对象要素”，而不是会计要素。实际上，这两者还是有一定的差异的。前者是对会计对象的具体化，所以，会计对象与其构成属种关系。而后者是指会计的组成部分，此时会计作为一个整体，会计要素是部分，所有的会计要素之和构成会计总体，是整体和部分的关系。

② 对资金的理解不同会产生不同的会计信息，比如把资金狭义理解为一个企业的营运资金，那么资金的流出和流入就只反映营运资金的流量，这就相当于我国会计改革初期的财务状况变动表反映的营运资金的变化；相应地，如果把资金理解为现金及其等价物的流入和流出，便能以现金流量表的形式反映该方面的信息。

③ 各国的准则对财务会计对象要素的界定还是有较大的分歧，我国2006年《企业会计准则——基本准则》将会计对象要素划分为资产、负债、所有者权益、收入、费用和利润六项，其中利得和损失分别内含于所有者权益和利润，并细分为直接计入当期利润的利得和损失、直接计入所有者权益的利得和损失；美国FASB规定的会计对象要素为十个，分别为资产、负债、所有者权益、业主投资、派给业主款、全面收益、收入、费用、利得和损失；英国ASB规定为七个，分别为资产、负债、所有者权益、业主投资、派给业主款、利得和损失。从具体的内容看，分歧的主要问题表现为对收益的认识角度不同。但有一个共性为都没有涉及现金流量表的会计对象要素。

### 1. 会计的概念：管理信息系统

根据概念理论的知识，研究会计的概念实际上是回答会计这一客观事物的本质，即我们通常所讲的会计本质。根据辩证唯物主义的概念理论，对会计本质的认识受会计发展水平、社会经济发展阶段、人的认识水平等诸多因素的影响而呈现出一个渐进的历史过程，其主要观点有以下几种①：

（1）管理工具论

该理论在二十世纪五六十年代的苏联、中国和东欧社会主义国家占主导地位，认为会计是为管理提供情况分析的应用技术，或者说会计是一种处理数据的技术方法，它强调会计是一种文字与数字相结合的技术。其主要代表人物为苏联会计学家马卡洛夫和别洛乌索夫，在他们合著的《会计核算原理》中，他们认为，会计核算（也叫会计和簿记）是对国民经济统一体系的各个环节的活动进行监督和领导的最重要工具。

很明显，管理工具论片面强调会计充其量只是一种管理的手段、方法、工具和技术。它是人们在特定的认知水平、经济发展水平和科技发展水平下对会计本质的探索。随着经济发展、科学技术水平的提高和人们认知水平的进步，管理工具论很快被会计学家们所扬弃。

（2）会计艺术论

该理论强调会计人员的会计学识、解决问题的创造性技巧和能力，把会计的本质视为“描述性艺术”，也就是说在同一会计规范的指导下，由于不同的会计人员具有不同的会计艺术水平，往往会产生不同的会计信息，从这层意义上说，会计是一门“艺术”。持这种观点的代表性学者和机构分别是②：20 世纪 40 年代美国会计师乔治·梅和美国注册会计师协会所属的会计名词委员会。乔治·梅在其《财务会计》中明确写道，“会计是一门艺术，而不是一门科学，是一门具有广泛的、多种用途的艺术”。受其影响，美国会计名词委员会于 1953 年 8 月发表的“会计名词公报”第一号中认为，“会计是一门艺术，它用

① 陈国辉．会计理论研究［M］．大连：东北财经大学出版社，2001：32－38．

② 葛家澍，杜兴强．财务会计的基本概念、基本特征和基本程序（一）［J]，财会通讯，2003，(07)：3－7．

货币形式，对具有或至少具有财务特征的交易事项，予以记录、分类及汇总并解释由此产生的后果，使之处于有意义（有用）的状态”。

会计艺术论在西方国家曾经流行较长一段时间，虽然目前的会计界很少提及，但这种理论的危害性却不可小视。按照笔者的理解，会计艺术论强调的会计职业判断本没有什么错，但把会计职业判断不恰当地归为一种“艺术”无疑直接使会计沦为一种“不可知”的活动，因为会计人员的“艺术能力”是不同的，进而从根本上否定“会计活动是一种客观经济事物”的哲学实践基础。从哲学的角度看，该理论是带有唯心主义倾向的。

（3）会计信息系统论

会计信息系统论是把会计的本质理解为一个经济信息系统。其思想最早起源于美国会计学家 A. C. 利特尔顿，在其著作《会计理论结构》中指出，“会计是一种特殊门类的信息服务”，“会计的显著目的在于对一个企业的经济活动提供某种有意义的信息”。

20 世纪 60 年代，随着信息论、控制论和系统论的发展，会计信息系统论逐渐被美国等西方会计界所认同，其代表性的人物和学术机构有：①美国会计学会（AAA）1966 年发表的《会计基本理论说明书》（ASBOAT）中指出，“实质地说，会计是一个信息系统”。②美国会计程序委员会在其第四号公告①（APB Statement No. 4）中认为，“会计是一种服务活动，其功能在于提供有关主体的数量化的信息（主要是财务信息），旨在有助于进行经济决策——在各种可行的行动方案中做出合理的选择”。在 APB Statement No. 4 中同样给出了财务会计的定义：“企业财务会计是会计的一个分支……以货币即定量化的方式提供有关企业经济资源及义务的持续性历史，也提供改变那些资源及义务的经济活动的历史。”③我国于 20 世纪 80 年代开始接受这种观点，最早为余绪缨教授在其 1980 年发表的论文《要从发展的观点看会计学的科学属性》中提出；随后，国内学者如葛家澍、唐予华、裘宗舜等相继发表文章提出会计本质是一个经济信息系统。

① APB Statement No. 4, “Basic Concepts and Accounting Principle Underlying Financial Statements of business Enterprises” 1970: 40 - 42.

（4）管理活动论

该理论认为，会计的本质是一种管理活动，它继承了会计管理工具论的合理内核，吸收了管理科学思想，从而成为在国际国内具有重要影响的观点。其代表性人物是杨纪琬、阎达五教授。在1980年会计学会成立大会上，其合作报告《开展我国会计理论研究的几点意见——兼论会计学的科学属性》中提出，无论从理论还是从实践看，会计不仅仅是管理经济的工具，它本身就具有管理的职能，是人们从事管理的一种活动。杨纪琬教授进而在随后的研究中提出了“会计管理”的概念，认为“会计是一种管理活动，是一项经济管理工作”，学术界一般称之为会计的“管理活动论”。在这里要特别指出的是，阎达五教授的晚年大作进一步深化了会计管理活动论，首创“价值链会计”，提出了在信息时代会计管理的深化：价值管理①。

（5）会计控制论

该理论强调会计本质是一个控制系统，这是我国兴起的一种新观点，其代表人物是杨时展、郭道扬教授。杨时展教授认为，“现代会计是一种以认定受托责任为目的，以决策为手段，对一个实体的经济事项按货币计量及公认会计原则与标准，进行分类、记录、汇总、传达的控制系统”。郭道扬教授则另辟蹊径，从会计史学研究出发，综观世界经济发展的历史与现状，提出会计宏观控制的思想，认为现代会计是现代经济控制工程中的重要组成部分，是信息社会中实现经济信息优化计量及有效利用，以期实现控制目标的关键管理工作。

客观地讲，上述观点的形成都有特定的环境背景，即以经济发展状况、管理水平、科学技术水平三者为客观背景，以人的认知水平为主观背景。进一步讲，就客观背景而言，从现代会计所处信息经济时代、管理手段和方法日新月异、高新技术层出不穷的现实考虑，对会计本质的认识也应该置于该背境之中，否则对会计本质的认识就不是全面的、系统的和客观的。

实际上，从系统论的角度讲，会计是一个大的管理信息系统，按照基本功能来分类可以分为会计信息系统和会计管理系统两个分支，会计信息系统是会

---

① 阎达五．价值链会计研究：回顾与展望［J］．会计研究，2004.（02）：3－7＋96.

计管理系统的基础和前提，会计管理系统是会计信息系统的延续和发展，二者不可截然分开，而是相互联系、相互制约而协调地发挥着会计系统的整体功能的作用。任何偏废都不是对会计系统全面、整体的认识，因此，笔者将会计定义为：

会计是一个管理信息系统，包括会计信息系统和会计管理系统两个子系统，其目的是对一个会计主体的资金运动及其相关方面进行揭示和管理，以实现会计主体的管理目标。

在这里要指出的是：一个会计主体的资金运动及其相关方面是会计对象，是会计这一经济管理工作的工作对象，对会计对象的揭示和管理是为实现会计主体的目标而服务。

**2. 会计基本假设**

会计基本假设又称会计基本前提，是指使会计工作得以正常运行的基本条件，是会计人员面对变化不定的客观环境，对某些未经确切认识或无法正面论证的经济事项和会计现象所作出的合乎事理的断定。实际上，会计基本假设是会计基本理论的一个重要领域，一度被人们认为是会计理论研究的出发点。其内容包括会计主体、持续经营、会计分期和货币计量。

（1）会计主体假设

会计管理信息系统所处理的数据、所提供的信息，并不是杂乱无章的，而是有一定的时间和空间范围的，而会计主体的假设就是对会计管理信息系统空间的规定，即该系统所处理和提供的信息应该在一个独立的单位或主体范围之内。具体地讲，该假设包含三层意义：①该假设决定何种信息计入会计管理信息系统，即和会计主体有关的交易、事项以及影响该主体的情况应该计入该系统，也就是说，会计管理信息系统是一个事关微观主体[①]的管理系统，而不是一个面面俱到的、毫无边界的信息系统。②该假设决定了会计管理信息系统的主体身份和信息处理、输出的出发点，即会计主体假设要求该系统的运行是以某一会计主体为出发点来进行会计确认、计量、记录和报告。比如，一笔预付

① 这里的微观主体不仅仅是指企业，还指其他经济组织。

的材料采购涉及两个会计主体，对材料购买方而言表现为资金的减少和应收款项的增加，对材料销售方而言表现为资金的增加和负债的增加，也就是说这两个会计主体对经济业务的判断分别站在各自立场之上。③该假设将有利于区分股东和企业的界限。在企业的早期发展阶段，股东和企业的身份是合二为一的，严格划分股东和企业的界限意义不大。但随着企业投入主体的多元化和法律法规规定企业法人财产的独立性，股东和企业的界限就必须严格划分，这不仅是一个会计理论的问题，也是一个法律意义上守法意识的问题①。

最后有必要指出的是：①在网络环境下，会计主体将大大延伸。随着信息技术的发展，社会经济的网络化趋势日益明显，全球网络经济已经初具雏形，使得企业生产经营的各个环节出现了新的实现环节，出现了“虚拟企业”（又称网络公司）这一新的组织形式。虚拟企业是若干成员企业为获得某种市场机遇的优势而组成的动态联盟，这些成员可利用互联网等信息技术，在世界范围内寻找最佳合作伙伴，组成临时集团，实现传统企业所不能实现的市场开拓任务。②网络环境下会计主体呈现多元化和不确定性。在网络环境下，经济活动的网络化和数字化使企业突破了传统的活动空间，会计主体的外延不断变化。一个虚拟企业为实现特定的目标而迅速组建，当目标实现后又迅速地解散，具有较高的弹性和灵活性，可以说这种聚散灵活的利益联合体，在一定的程度上拓展了会计主体的外延②。笔者认为，这种外延意义上的会计主体的拓展并不因为其存续时间上的不确定性而发生本质上的变化，虚拟企业的存在并不能从

---

① 在我国证券市场发展的初期，存在一种大股东和上市公司之间利益输送的现象，即往往存在如下的三步曲：第一步，大股东为尽快上市而包装上市公司，向上市公司输送利益，比如承担富余人员、多负担债务等；第二步，上市公司上市后，大股东掏空上市公司，比如采取占有上市公司资金、让上市公司多负担费用等方法，以至于上市公司不堪重负；第三步，当上市公司遭遇摘牌等尴尬处境时，大股东往往又不失时机地伸出援助之手，而使上市公司免遭困境。从本质上讲，这种上市公司和大股东之间的千丝万缕的利益纠葛是不合乎相关法律法规的。同时，从会计主体假设的角度讲，这种操作方式在理论上也是站不住脚的。

② 在实际的经济生活中，这种聚合灵活的会计主体是大量存在的：如在西方国家中曾经被指责为会计舞弊手段的特别目的主体（special purpose entity）；在我国这种现象也屡见不鲜，如一些以特定项目（如项目融资、新股申购、集合购买彩票）而组建的信托项目。

本质上动摇会计主体假设所意欲规定的会计管理①的空间范围，这才是会计主体客观规定性的根本所在。

（2）持续经营假设

这一假设往往也被称为经营连续性、继续经营、非清算等。其涵义在于：在可预见的期间内，除非出现明显的“反证”，否则都应该假定该主体的经营活动是连续下去的。具体而言，该假设有如下意义：①各主体在可能预见的未来不是期望清理或清算的。②假定各主体能执行现有的经营活动，包括各项合同、各项既定的经济活动等，并无法确定其结束时间。

实际上，持续经营假设是在激烈竞争的市场经济条件下，对持续经营的不确定性作出的假设，如果说会计主体假设是对会计主体空间范围作出的限定，那么持续经营假设就是对会计主体的正常经营活动时间作出的限定。

有必要指出的是：在网络经济条件下的虚拟企业是否对会计的持续经营假设基础提出挑战？笔者认为，持续经营的实质是指企业在可预见的将来不被清算，而虚拟企业在此点上和传统企业并没有本质上的差别，同时许多建立初期是虚拟企业的公司在发展过程中也在不断地向实体企业转化。退一步讲，在竞争激烈的今天，就是实体企业也不能完全保证其存续的时间就比虚拟企业长②。如果虚拟企业真正面临清算的情况，就应该和实体企业一样终止其持续经营的假设，而改为清算假设，但这丝毫不能否定对于一个正常经营的虚拟企业所采取的持续经营的假设的正确性。

（3）会计分期假设

如果说会计的持续经营假设为企业或相关的会计主体解决了在资产计量方面采取何种计量属性的难题，那么同时也为会计计量制造了一个小小的难题。因为，一个会计主体经营的会计核算的最佳时点是在企业完成所有的经济业务

① 这里所指的会计管理不仅仅包括传统意义上的会计核算和监督。实际上，在网络环境下对会计管理的控制职能的要求更高，也就是说在虚拟企业中对会计的“财技”要求更高，因为在网络化生存的背景下，高超的“财技”往往是一个虚拟企业生存的法宝，同时鉴于网络盈利模式的易于复制性，高超的“财技”往往使其获得市场先入者的优势地位。

② 比如，著名的耐克公司就是一个典型的虚拟企业，其存续的时间不可谓不长。而在现实中短命的实体企业也是举不胜举。

后。显然，经济决策上所要求的最佳时点是不可能达到的，这就在逻辑上要求为会计这一管理信息系统人为地规定一个期限，这就在本质上要求会计系统根据目前的最新情况对企业的经营成果、财务状况和现金流量等财务信息作出最真实、最相关和可靠的表述，这是会计分期假设的初衷所在①。所以，实际上会计分期假设是对会计持续经营假设的一个合理的补充。笔者认为，用如下形象一点的语言表述是比较恰当的：如果持续经营是一条川流不息的“长河”，那么对“长河”的特征和内容的表述只能人为地“截取”其“短”，以实现认识其“长”②。

（4）货币计量假设

这一假设实质上是对会计管理信息系统的计量工具或量度工具的一个客观规定。也就是说，基于会计系统是对会计主体总体的一个信息反映，多种计量工具的存在会给信息的综合带来障碍，因此有必要选取一种有利于综合的计量工具，而此时在市场经济环境下，货币当然是一个恰当的工具③。要指出的是：其中包含着货币币值稳定的假设，也就是说，只有一个币值稳定的币种才能堪当此任；同时，也是基于这种假设，财务会计中的历史成本原则才能有效地付

① 笔者认为，这里面同时意涵着会计信息的模糊性，即在现在看似最佳的判断和表述，随着时间的推移有可能不再是最真实、最相关的信息，所以会计管理信息系统应该有一个内生的纠正机制，以修正会计信息的模糊性和保证会计信息的真实性与相关性。

② 从历史的角度看，会计分期假设是经济发展到一定阶段的产物，是和特定的经济发展阶段相适应的。比如在中世纪的意大利，当时的经济规模很小且会计主体和股东的界限不分，根本就不存在会计分期的逻辑存在基础；在殖民地开拓的资本主义初期，海外冒险的会计分期起止日期就是整个冒险的始末，虽然会计主体地位彰显，但会计分期依然可有可无。只有在工业革命以后，股份制公司大量出现，会计分期的逻辑假设才初现端倪，为方便股东和其他相关利益相关方了解企业的真实经营情况，企业的定期报告制度才开始出现，才出现严格意义上的会计分期概念。在此还要特别指出的是，在信息化和数字化高度发达的今天，会计分期的概念呈现一种更短期的趋势。以我国上市公司为例，原来的定期报告只要求到半年报，而如今是季报。同时，在一些信息化程度极高的公司，由于企业资源规划（ERP）系统的高度发达甚至能实现内部的旬报、周报和日报，公司的高管甚至在旬 +1 日、周 +1 日和 T +1 日就可以得到企业的会计报告。也就是说，会计分期的愈来愈短实质上是对经营的一个有力的保证。

③ 在这里实际上也就是说明：会计管理信息系统并不涉及会计主体的一切活动，该系统只是从货币计量的角度对会计主体的相关信息进行处理、报告和披露，当然这一过程不可避免“货币化”掉一些重要的信息。一个突出的例子是：证券市场上对能源类上市公司的可开采资源数量的估值，在能源类上市公司的账面上，一个企业的可开采资源数量往往只反映了企业取得的矿产开采权，而具体的储量、可经济开采量和出矿当期价格的现值往往因目前估价手段的缺乏而被“不相关”地进行了舍弃，这不能不说是会计系统的一个遗憾。

诸实施，会计处理上的预提、摊销等各种跨期处理方法才能得以实施。

### 3. 会计对象①

会计对象是指会计系统所直接指向的客观会计事物，通常就是我们所讲的会计主体的资金运动及其相关方面。从逻辑学的角度讲，会计对象也是一个属概念，根据不同的标准对会计对象进行划分可以得到相应的种概念，比如按照会计对象反映的会计主体信息的内容不同，将会计对象划分为反映财务状况、经营成果和现金流量的三方面。在财务状况下，可进一步将其分解为资产、负债和净权益三类；在经营成果下，可进一步将其分解为经营收入、经营成本和经营利润等；在现金流量下，可进一步将其分解为现金流入、现金流出。当然，上述划分或分解并不是终极划分或分解。比如在资产项目下，还可以按照流动性高低分为流动资产和长期资产，按照企业的持有目的分为货币资金、可交易性金融资产、持有至到期金融资产和固定资产等。

在这里，要特别指出的是：会计对象的要素和会计报告要素是两个截然不同的概念。第一，它们在会计概念体系中的地位是不同的，会计对象的逻辑地位是第一位的，而会计报告是相对次要的；第二，会计对象和会计报告的要素在内容上是不同的，前者的数量较少、总括性强，而后者的数量相对较多、总括性弱；第三，从稳定性上讲，会计对象的要素在一定的时期内保持稳定，这和其逻辑起点的位置相适应，而会计报告的要素可以根据企业的规模、行业的特点以及国家会计准则的废除、订立、修改而变化，这同样和其在会计概念体系中的逻辑地位相适应。比如，2006 年颁布的《企业会计准则》对会计报告的要素就作出了重大的修改。

### 4. 会计目标

所谓会计目标是指会计管理信息系统意欲实现的境地、努力的归宿。从该定义的字面上理解就不难发现，它具有主观见之于客观的逻辑性质，是在特定的会计环境中的会计工作者期望达到的主观目标，其逻辑地位是显赫的。因为它连接着主观和客观，并指引着会计工作者的思维方向，所以，会计学者们给

① 本小点的论述在上文中曾经重点涉及，因此这里只做简单的回顾。

予会计目标极高的逻辑地位①。

笔者认为，会计目标是一个会计总体的概念，是一个全局性的概念，它不同于通常意义上所讲的某个分支会计的会计目标。所以基于此，会计目标的表述应该体现以下三点涵义：第一，会计目标的界定要有助于明确会计在社会、经济管理中的位置；第二，会计目标的界定将进一步体现会计学科区别于它学科的学科特色；第三，会计目标的界定在逻辑框架上能实实在在起到一个沟通主观和客观的作用，同时又起到统驭分支会计的功能。对于第一点，从现实的角度看，会计在落实资产经营责任、促进经济资源合理配置、维护经济规范、保证国家的财政税收、防范和化解经济风险、制止腐败、合理经济利益分配等方面起到其他经济管理活动所不可替代的作用，是国家和会计主体管理经济活动的一个不可或缺的重要组成部分。对于第二点，基于会计逻辑起点是会计对象（即资金运动及其相关方面），会计学科相较其他经济管理学科有了其特定的研究对象。对于第三点，会计目标实质是会计主体揭示与管理会计对象的意愿，这样才能和第一点之会计在社会、经济中的地位以及和第二点的学科特征相吻合。所以，基于上述三点理由，笔者认为，会计目标是某一会计主体对资金运动及其相关方面的揭示和管理。

### 5. 会计信息

从广义上讲，信息是指一切有意义的信号，如声音、颜色、语言、文字等，但何为“会计信息”却存在多种认识。比如，“会计信息是通过会计系统所提供的经济信息。”② “会计信息是会计工作所提供的经济信息。以凭证、账户、报表及有关分析资料等形式存在。”③ 以上对会计信息的认识在如下几方面存在共识，即认为会计信息是会计系统的信息产出、有一定的报告或披露方式，但

① 比如在财务会计中，普遍的一种认识为会计目标是会计的逻辑起点，对此笔者并不认同。其原因在于：第一，作为逻辑起点的概念应该蕴含该系统普遍矛盾的客观事物而又具有简单性，而主观性的会计目标是难堪此任的；第二，承认会计目标重要的逻辑地位并不等于简单认定其是一门学科的逻辑起点，目标是一个主观见之于客观的中介，是中介而非起点；第三，这里的会计目标和财务会计目标是两个不同层次的概念，前者是一个会计总体的概念，而后者是一个分支会计的概念。

② 杨纪琬，娄尔行．经济大辞典——会计卷［M］．上海：上海辞书出版社，1991：68.

③ 冯淑萍．简明会计辞典［M］．北京：中国财政经济出版社，2002：29.

在会计信息意欲表示主体什么方面的信息、在提供信息之外是否还存在其他作用等方面未做明确界定，所以笔者认为，为全面反映会计信息的经济实质，会计信息应该表述为：会计信息是指会计主体以一定的形式对其资金运动及其相关方面的反映，有一定的经济后果。

理解该定义要注意的是：①会计信息的本质特征是有一定的经济后果，这点在当前社会各界和企业的相关利益主体高度关注企业的会计信息质量这一事实中就可以得到证明[①]。②从会计信息的本质特征即经济后果性上认识，会计信息的范围不仅仅是会计主体按照国家的法律法规和相关会计准则所报告或披露的信息，还包括在实质上具有经济后果的会计主体未予及时报告或披露的信息。③会计信息的揭示着眼点是会计主体的资金运动及其相关方面，这是对会计信息披露等揭示方面的限定。

因此，会计信息实际上一个非常丰富的属概念。为加深对会计信息的理解，可以从以下分类标准来进一步认识其外延：比如，按照会计信息获取渠道的不同，会计信息分为公开信息和内部信息[②]；按照会计信息的时间性，会计信息分为过去信息、现在信息和未来信息；按照信息化处理程度，会计信息分为初始信息和派生信息[③]；按照对会计对象质和量方面的反映，会计信息分为定性信息和定量信息等。

**6. 会计报告**

所谓会计报告是指意欲揭示的会计对象相关信息的规范性文件。以一个规范企业为例，它至少包括资产负债表、利润表、现金流量表、所有者权益变动表以及附注。会计报告是对企业财务状况、经营成果和现金流量的列示和披露，其中列示是指经济业务在会计报表中的结构性表述，而披露通常是指在会计报表附注中采取诸如文字表述等方法揭示的会计信息。

---

① 实际上，早在1978年美国会计学家泽夫在其会计论文《经济后果学说的兴起》中就对会计信息的经济后果有详细的论述，国内学者如中山大学的会计学博士生导师刘峰等也有相近的表述。

② 在我国，按照证券监管部门的界定，“内幕信息”和“内部信息”是有一定的区别的。前者是指市场经济主体通过非公开的手段获取的对企业有重大影响的信息，而不仅仅局限于会计信息。

③ 比如，对于某企业披露的信息，某证券分析师经深入分析而得出的信息就是派生信息。

# 第4章 会计判断：会计概念的运动发展

## 4.1 会计判断的涵义、内容与要素

### 4.1.1 会计判断的涵义

**1. 判断的实质及其逻辑特征**

根据逻辑学理论，所谓判断是指对思维对象有所断定的思维方式，其中有所断定是指对思维对象的性质或关系有所肯定或否定。比如，“中国的经济体制改革是一场空前的社会变革”就是一个判断。进一步讲，该判断是对“中国的经济体制改革”这一思维对象的断定，即“一场空前的社会变革”。可见，判断是一种特定的思维方式，其逻辑特征为：

（1）任何一个判断都必须对思维对象有所断定，否则，都不是判断。

比如，“什么是经济体制改革”“啊，长江”等都不是对客观事物的断定，所以不是判断。

（2）任何一个判断都必须是正确的或错误的，或者说是真的或者假的，否则都不是判断。

**2. 会计判断的成因**

在明确会计判断的内涵之前，有必要讨论一下会计判断的成因，也就是说对会计判断的形成原因进行认识，这样可以帮助我们对会计判断的重要性和必要性的理解。

会计判断是一种会计工作者的特定思维方式，这种思维方式不是凭空产生

的，而是有一定的客观原因，笔者认为有以下几点：①经济环境本身的不确定性。作为一种思维的方式，会计工作者的思维是一定的会计环境下的思维，而经济环境本身的不确定性内生地要求会计判断。比如，企业应收款项收回的不确定性就需要会计实务工作者根据以往的经验、债务企业的历史记录以及现在的情况作综合的判断。②会计理性认识的多元化。会计理性认识是对会计实践的总结，但基于会计实践的复杂性和认识主体的认知水平，人们对会计实践的认识只能说无限地接近客观实际，因此在这一漫长的认识进程中，人们的会计认识是不尽相同的，而且很多观点很难分清谁优谁劣。比如，在财务会计领域，对财务会计目标的认识就有受托责任和决策有用之争；在会计信息质量特征方面，国际上各个专业团体的认识也不尽相同；在会计对象要素的界定上，人们的认识也不完全一致；等等。也就是说，这种会计认识的多元化会对日常的会计实务处理、会计研究实践和会计教育实践有一定的影响，由此会加大会计实务中会计处理的不确定性、会计理论判断标准的多元化，以及增加会计教育的难度，因此会计判断就显得尤为必要、不可或缺。③会计规范的不完备性。会计规范是一个国家会计实务工作的通行的会计惯例的总称，但作为一种普遍适用的规范，会计规范本身相对于不断变化、更新的会计实践就不可能包罗万象、面面俱到，这种现象就是会计规范的不完备性。具体而言，对于财务会计而言，这种不完备性更多地表现为：会计方法的可选择性大、具体会计准则中条款的模糊性以及具体会计准则的滞后性等等。由此，在如此的会计规范环境中，会计判断是万万不能少的。

### 3. 会计判断的内涵

会计判断是个复合词，由“会计”和“判断”复合而成，是指对客观存在的会计事物有所断定的一种思维方式，也就是说，对会计事物的性质或关系有所肯定或否定。

在这里，要明确的是：

第一，会计判断是基于对会计领域客观存在的事物属性或关系的断定，既然会计判断需要辨别、断定，从主体上讲，其根源在于人们探索未知世界的动机；从客体上讲，其根源在于会计事物的不确定性。进一步讲，会计判断就是对带有不确定的会计领域客观事物进行探索进而得出相关的结论。

第二，会计判断是一种专业领域的判断。类似的专业领域判断有医学判断、法律判断等，也就是说会计判断是专注于会计领域的判断，所以会计判断一定在具有一般判断共性的同时，不可避免地带有一定的专业特征，如会计专业人员按照会计准则、会计制度等规范准绳对会计事物做出的判断。

第三，从系统论的角度分析会计判断，也存在会计判断主体、客体和关系的要素，其有一定的内在结构。

因此，从思维的角度讲，会计判断是一种会计工作者处理会计信息的能动的认知过程，是对会计领域不确定事项的断定，其特点包括：

（1）目标性

任何会计判断都有一定的目标导向，这是人们认识会计事物能动性的根本。具体体现为：会计工作者在一定的目标导向下，针对每一具体判断事项做出具体的判断。比如，对不同的资产项目根据流动性在财务报表中分项列示、对收益项目根据收益来源做列报等，这些都是在一定的目标指引下进行的。其中，前者是为了让报表使用者更详细地了解资产的流动性，后者是为揭示企业的收益质量。

（2）主观性

会计判断具有一定的主观性，表现为会计判断的结果受会计判断主体的知识程度、经验、认识水平、心理状况以及价值取向等诸多因素的影响，所以会计判断的结果是因人而异的。但是会计判断具有这种主观性的特征并不能抹杀会计判断所指向对象（即会计判断客体）的客观性。

（3）专业性

会计学是一门学科，有其特定的知识体系、特定的研究对象和专门的研究方法，所以根植于此之上的会计判断毫无疑问是一种专业性的判断。也就是说，会计判断是会计专业人员（会计工作者）在掌握了一定的会计理论知识和实际经验的基础之上，根据一定的会计理论，运用一定的会计专门方法，对会计领域的不确定事项所做出的、其认为是合理的断定。

（4）约束性

会计判断是会计人员的一种能动性的思维活动，但这并不是说会计人员的会计判断可以不受任何限制。相反地，会计判断是在一定的框架中进行的。以财务会计为例：财务会计判断是在一定的会计规范框架内进行的，这里的会计规范包括会计法律法规、部门章程等。也就是说，会计判断是基于对会计实际工作、环境的了解，会计知识的综合运用的结果，而不是随心所欲的。

（5）实践检验性和思维检验性

一个会计判断是否恰当、合理，是要通过会计实践的检验方可见分晓的。会计判断的实践检验时间跨度有长有短①，这时还可以通过会计人员的思维对一个具体的会计判断进行检验。会计判断是会计人员在特定的环境中的合理断定，如果给定条件相同，不同的会计人员应该对同一会计事项有相同或相近的会计判断结果，这样的会计判断才是恰当的，抑或说某个会计人员的会计判断是通过其他会计人员来间接验证的。

### 4.1.2 从会计概念到会计判断：前者的运动发展使然

明确了会计判断的概念之后，就有必要对会计判断和会计概念的关系做深入的讨论，其目的在于辨析会计概念和会计判断同时作为思维方式，它们在思维进程中的地位、作用以及它们之间的相互关系。

**1. 会计概念是会计判断的浓缩**

前文中多次提及，会计概念是对客观存在的会计事物本质属性的揭示，在揭示会计概念本质属性的过程中，要明确会计概念的内涵和外延，就必须借助一个或几个会计判断，也就是说一个会计概念本质属性的表述实际上是一种会计判断。比如，资产的概念：“资产是指企业过去的交易或者事项形成的、由企业拥有或者控制的、预期会给企业带来经济利益的资源。”将该概念进行细分，可发现其是由三个会计判断复合而成的。

从形式逻辑的角度讲，是用下定义来明确会计概念的内涵，用划分来明确会计概念的外延。其中，下定义采取“Ds 是 Dp”的形式，Ds 是被定义项，Dp 是定义项；划分是将一个会计属概念分为若干个会计种概念，采取“Ds 包括

① 比如应收账款的可收回性的判断是 0% 还是 100%，只能通过该款项的未来回收情况才能确定，因此时间的跨度可能很长。

Dp”的形式，Ds 为属概念，Dp 为种概念。从内涵定义和外延定义的形式看，两者都是对被定义项的一种断定，由此，会计概念实际上是会计判断的浓缩。

**2. 与会计概念相比较，会计判断的断定范围较广**

与会计概念的内涵定义和外延定义相比，会计判断的断定范围要大得多。会计判断既可以对会计客体的性质进行断定，也可以对会计客体间的关系加以断定。比如，“现金资产的流动性高于应收账款的流动性”“商誉是无形资产的一种”等都是对两个或以上客观会计事物关系的断定。

**3. 会计判断是会计概念矛盾发展的必然结果**

在前文中，我们曾提及会计概念本身是一个不断运动的矛盾统一体，是主观性和客观性的对立统一、是抽象性和具体性的对立统一、是普遍性和特殊性的对立统一、是确定性和灵活性的对立统一，会计概念内部矛盾运动的结果要求必须在对立统一中把握思维的辩证发展过程，而会计概念的内部矛盾运动必然使矛盾不断展开，此时，会计判断就承担将该类展开矛盾加以规定和区别的重任。具体而言：

首先，会计判断是会计概念固有的主观性与客观性之内在矛盾的展开。会计概念是会计人员对客观会计事物的反映，是会计人员在实践中逐渐形成的。没有客观会计事物，没有会计人员的会计实践工作，就不能形成反映客观会计事物的会计概念。所以，会计概念就其源泉和内容而言，是客观的。另外，会计概念又将随着会计工作实践和认识的不断发展而日益深化，日趋接近客观现实，因此，会计概念就其发展的趋势而言，也是客观的。但是，会计概念作为一种思维形式，属于会计人员的主观意识范畴，它是经过抽象思维而形成的。而会计人员在抽象思维的过程中，基于人们的抽象能力，总是要割断会计事物的某些联系，把本属于一个整体的、处于相互联系之中的各种属性区分开，一一加以反映，这样形成的会计概念就不可避免地在一定的程度上与客观事物有差距。所以，任何会计概念都是客观性和主观性的对立统一，是对会计事物本质属性的反映。因此，为了尽可能恢复会计事物的多方面规定性，揭示某一会计事物的多种属性，会计人员不可避免地在本质属性之外，对会计事物的其他属性和会计事物间的关系作出进一步的认识和断定，这就是会计判断。并且，在会计判断中，蕴含在会计概念中的主观性和客观性的矛盾同样通过主宾词的矛盾表现出来。

在这里一个恰当的例子是：会计人员对资产这一会计概念的认识。对资产概念的认识呈现一种不断发展的过程，从起初只局限于有形资产扩大到包括无形资产，从局限于拥有扩大到控制等都表明资产的会计概念是主观性和客观性矛盾展开的结果，现在的定义"企业过去的交易或者事项形成的、由企业拥有或者控制的、预期会给企业带来经济利益的资源"可以说也只是会计人员现阶段最理性的认识，可以预见随着社会经济的发展，资产的概念还存在一个更新的趋势。同时，不得不指出的是：会计人员在抽象形成资产概念时，抽象得出的是资产的本质属性，而对于一些非本质属性但对某类资产或某项资产重要的属性，就需要通过会计判断的形式来补充，这样既可以保持基本会计概念的相对稳定，又适应了会计概念主观性和客观性发展运动的要求。

其次，会计判断是会计概念固有的抽象性与具体性的内在矛盾的展开。会计概念是客观性和主观性的对立统一，它就必然又是具体性与抽象性的对立统一。一方面，会计概念是理性认识的结晶和总结，具有抽象性；另一方面，会计概念又来源于对具体对象的反映，表现为具体性。但它不能也没必要具有丰富、全面的内容，因此这种潜在于会计概念中的具体性和抽象性的矛盾也只能通过会计判断来化解。

再次，会计判断是会计概念固有的个性和共性的内在矛盾的统一。实际上，任何会计概念都是共性和个性的对立统一。一方面，会计概念的最终任务是反映客观事物的本质属性，而客观事物的本质总是一类事物共同具有的一般属性。因此，把一类事物中共同具有的一般属性抽象出来就是会计概念的首要任务。从这层意义上讲，会计概念的一个重要特性是共性、普遍性。另一方面，会计概念的普遍性以及共性总是从一类事物的各个个体中抽象出来并通过不同的个体表现出来。所以，每个会计概念无不同时具有共性和个性，是共性和个性的矛盾统一体，这种矛盾的运动就是通过会计判断的手段来实现的。比如，资产的定义"资产是指企业过去的交易或者事项形成的、由企业拥有或者控制的、预期会给企业带来经济利益的资源"中实际上给出了资产的共性，但同时该定义中也蕴含着资产的个性，这种个性和共性的冲突就是通过会计判断来实现的。

最后，会计判断是会计概念固有的灵活性和确定性的内在矛盾的展开。我们知道，一切会计概念都是灵活性与确定性的对立统一。一方面，任何一个会计概念都是对一定会计事物的反映，在认识发展的一定阶段都有其确定性的内容（有确定的内涵和外延）；另一方面，会计概念作为对一定会计事物的反映，又总是随着它所反映对象的发展而发展。会计人员随着对一定对象认识的不断深化而日益深入地揭示着有关对象的新的性质和关系，从而使会计概念的内容不断变化、发展。

### 4.1.3 会计判断的内容：概念划分的一个具体运用

从形式逻辑的角度看，前文给出了会计判断的定义，即以界定其本质属性的方式给出了会计判断区别于其他会计思维方式的特征，接下来的任务就是进一步明确会计判断的内容，即其外延。

首先，有必要重申的是：会计判断是会计人员的一种思维活动。对于这种特定的思维方式，在对其外延进行明确时，我们可以选择多种划分的标准，比如可以采取地域、偏好、会计工作类型等。若按照风险偏好类型分类，就可以将会计判断划分为：风险厌恶型（稳健性）会计判断、无差别型（中性）会计判断和风险偏好型（激进性）会计判断三种。

其次，如果在严格遵守划分的逻辑规则的基础上，选择何种标准作为分类的依据本身并没有优劣之分，其关键在于更好地加深对会计判断外延之理解，同时为下一步的思维逻辑推演打下良好类型的基础。比如，按照风险偏好类型的分类就较适合加深人们对会计政策的研究和理解，对于特定的企业类型①、不同的行业特征，按照该种分类进行研究是恰如其分的。相应地，对于本节内容的研究——对会计判断的内容之研究，选择按照会计工作的类型来分类就比较合适，其意义在于：会计工作的类型包括会计实务工作②、会计研究工作和会计教育工作，不同的细分会计工作类型虽然存在千丝万缕的联系，但之间的

① 比如高新企业的研发支出资本化与费用化的争论，实际上可以用此得以完美地解释。

② 有必要指出的是：会计实务工作包含会计事务管理工作。

差距还是比较明显的。进一步讲，会计实务工作者的会计判断主要依据会计规范的要求，会计研究工作者的会计判断主要依据相关的理论。

最后，基于上述论述，笔者采用会计工作类型分类的方式将会计判断划分为：会计实务判断、会计研究判断和会计教育判断。

在这里，有必要解释的是：所谓会计工作是指会计从业人员为完成一定的任务、实现一定的目标的能动性的实践活动。按照从事实践活动的指向物或者说会计实践的客观对象之不同，可以将会计工作分为会计实务工作、会计研究工作和会计教育工作。

从会计工作的实践主体来看，会计从业人员是一个集体的概念，它包括会计实务工作者、会计研究工作者和会计教育工作者。而且，必须指出的是，这三类子集在外延上并不是完全矛盾的，这就是逻辑学意义上的外延的交叉。比如，会计实务工作者可以在掌握一定会计理论知识的基础上从事会计研究和会计教育工作。

同时，各项会计工作是在一定的目标指引下进行的实践活动。比如，会计实务工作者从事的实践活动主要是以揭示企业或相关会计主体的会计信息继而在此基础之上进行资金运动的管理为己任；会计教育工作者主要是以培养合格的会计后备人才为工作的出发点和归属；会计研究工作者主要是运用研究方法，对会计领域的既有理性知识进行总结和对未知领域进行探索①。会计工作是会计从业人员的一种能动性的工作，是会计工作者发挥主观能动性、发挥其逻辑思维能力的一种实践活动。

为清晰起见，可用图 4.1 表示会计工作的分类：

会计工作
- 会计实务工作
- 会计研究工作
- 会计教育工作

图 4.1　会计工作分类图

（资料来源：作者整理）

① 实际上，这三者工作目标的差别也从另外一个侧面证明对会计判断按照会计工作类型来分类研究的必要。

相应地，会计判断可以按照会计工作类型进行分类，详见图 4.2：

- 会计判断
  - 会计职业判断
  - 会计研究判断
  - 会计教育判断

图 4.2　会计判断分类图：按照会计工作类型

（资料来源：作者整理）

在这里，不得不提的是，如果按照经典逻辑理论中的判断类型来进行划分①，会计判断相应地可以划分为图 4.3 所示：

- 会计判断
  - 非模态会计判断
    - 简单会计判断
      - 性质会计判断
      - 关系会计判断
    - 复合会计判断
      - 联言会计判断
      - 选言会计判断
      - 假言会计判断
      - 负会计判断
  - 模态会计判断②
    - 真值模态会计判断
      - 可能会计判断
      - 必然会计判断
    - 规范模态会计判断
      - 必须会计判断
      - 禁止会计判断
      - 允许会计判断

图 4.3　会计判断分类图：按照形式逻辑判断类型

（资料来源：作者整理）

在上图中，首先按照在会计判断中是否有模态词（必然、可能、必须、允许等），将会计判断分为非模态会计判断和模态会计判断两大类。其中，非模态会计判断按照其本身是否还包括其他判断分为简单会计判断和复合会计判断。简单会计判断是本身不再包含其他判断的判断，如“现金是流动性最强的资产”。而复合会计判断是指本身包含其他会计判断的判断，比如，“假如企业在连续几个会计期间的主营业务收入呈稳定的增长，表明企业的主营业务的可持续性强”。如果进一步分类，简单判断按照断定的内容为性质还是关系，还可

① 即按照逻辑理论中对判断的划分，详细内容可见形式逻辑相关书籍。

② 所谓模态会计判断是指包含“必然”“可能”等模态词的会计判断。

以细分为性质会计判断和关系会计判断；复合会计判断按照其联结项性质的不同，可分为联言会计判断、选言会计判断、假言会计判断和负会计判断。同样地，如果对模态会计判断进行细分，按照模态词的不同可分为真值模态会计判断和规范模态会计判断，其中前者又可分为可能会计判断和必然会计判断，后者可分为必须会计判断、禁止会计判断和允许会计判断①。

### 4.1.4 会计判断的要素

如果把会计判断当成一个集合概念的话，就有必要对会计判断这一概念进行分解，即将会计判断作为一个整体拆分为几个有机组成部分，其结果就是会计判断的要素②。其意义在于将对复杂的问题或事物的研究进行拆分后作个别研究，这样会有效地提高研究的效率和效果。

进一步讲，对会计判断进行要素研究，其出发点至少要顾及以下两点：一方面是会计判断本身的内部构成要素，另一方面是对会计判断要素有外部影响的环境因素。以下分述之：

**1. 会计判断的内部构成要素**

笔者认为，作为一种会计人员之特定思维活动，会计判断包括三个要素：会计判断主体、会计判断客体和会计判断手段及方法。实际上，任何一个具体的会计判断都是由会计判断主体采用一定会计判断手段或方法，能动地作用于会计判断客体的思维过程。

（1）会计判断主体

所谓会计判断主体就是进行会计判断的会计工作者。具体而言，就是具有一定会计专业知识和技能的会计工作者，如会计实务工作者、会计教育工作者和会计研究工作者。

在这里必须指出的是：会计判断主体应该有一定的资格和能力。这是因为会计判断是一种专业领域的判断，是一种会计工作者能动性的思维活动，没有

① 本节在此不作展开，将在会计判断的逻辑特征和逻辑规则中论述。

② 实际上，从系统论的角度是异曲同工的。

一定的会计专业知识和会计技能，就不能作出有效的会计判断[①]。可以说，会计判断主体是会计判断各要素中最积极和最活跃的因素，一切具体的会计判断行为都必须由会计判断主体来实际进行，其素质和能力直接影响会计判断的质量。

所以，基于此点就可以很好地区分“一个会计主体的管理行为”和“会计人员的会计判断行为”，这将有利于从理论上维护会计人员的合法权利。比如，企业会计政策的选择是否是一种会计判断行为?[②]

实际上，从行为主体的角度来讲，企业会计政策选择的决定权不在会计人员，这在相关的法律和法规中都有明确规定，是由企业的管理当局负责制定企业的会计政策并经相关的权力机构（如董事会）批准后执行。所以，从主体角度上讲，会计工作者充其量也只有企业会计政策选择的建议权和参与权。因此，企业会计政策的选择绝对不是会计判断。

笔者认为，之所以存在“企业会计政策的选择是会计判断”的支持者，主要有以下几方面的原因：①会计人员的素质问题。实际上，在相关的《中华人民共和国会计法》《企业会计制度》《中华人民共和国公司法》以及规范企业的《公司章程》中，对企业会计政策的选择都有明确的规定，而会计政策的具体执行者往往却未能严格按照规定办事，在缺乏相应的企业权力机构的批准的情况下去执行企业关键管理人员授意、首肯的会计处理原则或方法。这本身就是法律意识淡薄的表现。会计人员往往因未严格执行相关规定进而代人受过[③]。②企业关键管理人员的素质问题。企业的关键管理人员作为企业的高层管理人员，理应认真学习并执行国家的法律法规和企业的相关制度规定，然而在现实

① 实际上，在会计实践中，会计实务工作者被要求拥有会计资格证书，会计教育工作者被要求拥有教师资格证书和相关的学历要求，会计研究工作者同样也被要求有一定的职称评定资格。

② 有趣的是，这个问题本身就是一个会计判断。

③ 这种现象在企业普遍存在。从法理上讲，如出现违法和犯罪行为，会计人员也是难辞其咎的，因为会计人员本身也没有严格执行相关的法律法规和企业的内部制度。

中这种情况却不尽如人意①，可以说企业关键管理人员这种意识的缺失是加剧该种误解的一个重要原因。③会计从业人员的维权合力缺失。当前，会计人员作为一个从业人员众多的社会群体，尚没有一个真正能主张其合法权益的协会组织。相关的协会组织有中国注册会计师协会、总会计师协会等，这些组织都有一定的让普通会计人员望而生畏的“高门槛”，普通会计人员是难以加入的。也就是说，尚不存在一个真正能够代表最广大会计人员的根本利益的协会组织，普通会计人员的合法权益不能得到有效的保障。同时，从业人员的众多以及就业形势的严峻，导致企业可选择的会计人员的余地大，以至于出现“听话的会计人员才是不容易被置换的优质资源”这种会计人员就业市场的“劣币驱逐良币”的反常现象。

（2）会计判断客体

所谓会计判断客体是相对于会计判断主体而言，是指主体能动性实践活动所指向的客观事物。所以，从该层意义上讲，会计判断客体就是指会计工作者在会计实践中所指向的客观事物。比如，会计实务工作者的会计判断客体就是我们通常所讲的企业日常发生的经济业务，具体而言，就是交易、事项和情况。在此，有必要指出的是：①会计判断客体的范围。会计判断客体也有一定的范围，即只有那些能认定与主体有关的并能以货币计量的经济业务才能进入会计判断的视野之内，才是会计判断的客体。②会计判断客体的不确定性特征。与会计判断主体有关的经济业务都带有一定程度的不确定性，正是由于这种不确定性的存在，才使会计判断有重要的实践意义。③会计判断客体的客观性。会计判断是会计工作者运用一定的会计判断手段对不确定的会计事项的一种断定，所以其结果的准确与否还要通过一定的会计实践来检验，这种情况在财务会计中尤为常见。比如在我国上市公司中率先施行的《企业会计准则——基本准则》以及《企业会计准则第 1 号——存货》等具体会计准则中对有关会计估

① 这点从我国的上市公司群体执行相关公司治理规定的现实表现就可以窥见一斑，从中国证券监督管理委员会披露的相关处罚决定、财政部会计信息质量专项检查通报和审计署检查通报中就可以发现，企业高层执行法律法规和公司内部规定的情况实在是不容乐观。进一步讲，我国的职业经理人市场的发育不良也阻碍了企业职业经理人的迅速有序置换和经理人素质的迅速提升。不得不指出的是：这还是相对运作比较规范的上市公司，对于非上市公司，这种情况就更为严重。

计、减值测试等具体会计方法的规定，其实质就是对会计判断的一种检验。

（3）会计判断手段及方法

所谓会计判断手段及方法是连接会计判断主体和客体的中介，是会计工作者为了得到最终的判断结论而采取的一切方法、工具、措施和途径的总称。采取恰当、有效的手段，将有助于完成会计判断任务。所以，不同的会计判断任务因其内容和性质的不同，所采用的具体手段也有所不同。比如，对持续经营企业的固定资产的价值判断采取历史成本法，而对处于清算阶段企业的固定资产采用清算价格法。

应该说，会计判断手段及方法是正确做出会计判断的基础和关键，它所包含的内容是丰富的，主要有比较法、归纳法、演绎法、概率统计法等方法。比如，在可能性的评估方法上就有概率统计法，将基本可能、很可能、可能和极小可能与具体的概率区间对应起来进行会计判断。该方法在《企业会计准则——应用指南》中得到了运用。具体而言，该指南要求按照如表 4. 1 区间加以判断：

表 4. 1　以概论统计法评估可能性

| 结果的可能性 | 对应的概念区间 |
|---|---|
| 基本可能 | 大于 95% 但小于 100% |
| 很可能 | 大于 50% 但小于或等于 95% |
| 可能 | 大于 5% 但小于或等于 50% |
| 极小可能 | 大于 0% 但小于或等于 5% |

会计判断手段及方法通用的模式（步骤）为：①理解问题。会计人员要对相关的事项和环境有清晰的认识，了解与问题有关的所有信息，包括问题本身的信息，以及问题产生的前因后果等。对于一些复杂事项，如复杂的租赁合同、复杂的促销方案等，由于其涉及多方面关系，有时还需借助图表等辅助方式，来描述事项中涉及的相关各方关系，以帮助全面理解问题。②确定目标。该目标是针对具体判断事项而言的，即明确是对什么做出判断、判断结果应实现什么目的等。如某电器销售企业将自己销售的电冰箱等商品暂时供员工休息室使

用，过一段时间后再将其作为商品销售，那么该商品是应确认为固定资产还是存货，其应摊销的价值如何确定，怎样估计其摊销期限、方式等，都属于具体的判断目标。对于复杂事项，有时还需把整个问题分解为较简单的子问题来分别解决。明确判断目标，可以指导会计人员围绕目标有效地搜集信息。③提出备选方案，即可能的判断结论。如前例中的确认问题，就可提出“该电器应确认为固定资产”和“该电器应确认为存货”两个备选方案。这一阶段受人的知识经验的影响较大，对同一问题，不同的人可能会提出不同的备选方案；同一个人随着信息的获得，对备选方案也可能会修改和补充；专家较新手更易提出恰当的备选方案。同时，对确定的、简单的问题比对不确定的、复杂的问题更易形成恰当的备选方案。④收集资料。首先，应当确认选择什么标准来收集资料。可选择的标准包括既定的标准、该公司过去的情况、行业中其他公司的情况以及类似事件的结果等，其中既定的标准是最常用的。会计职业判断中的既定标准主要是指权威机构发布的专门规则和制度，在我国主要是各种财经法规、会计准则、会计制度以及证券监管条例等。针对备选方案中涉及的项目，会计人员应对这些专业文献进行搜索，收集与其有关的论述。但如果会计人员对判断标准所涉及的文献非常熟悉，这一步也可能被省略。对于其他标准，会计人员则需要收集其他的相关资料。如要估计公司的坏账准备就需收集公司过去应收款项回收情况的资料；要对未来事项做出判断就需收集有关现在和未来可能情况的资料等。其次，收集资料还应具有导向性。如要判断一项交易是否为非货币性交易，就要收集补价和资产公允价值的资料。再次，收集资料还有一个量的问题，资料不充分和资料收集过度都会引起判断的偏误。最后，信息收集过程同时也是进一步认识问题的过程，如果发现原备选方案或拟确定的标准并不恰当，就要进行必要的修改，然后再补充收集资料。⑤确定标准。它是指根据所收集的资料，经过分析评价后确定的具体适用标准，如会计准则中的某一具体论述。在没有明确的法规标准的情况下，行业惯例、事实等在特定情况下也可作为判断标准。有时判断标准也可能不太明确，如对未来不确定事项的判断，采用的标准就是对未来事项的预测值或估计值。确定恰当的标准非常重要，选择失当就可能导致判断的失误。⑥分析比较。即将判断标准和备选方案进行分析和比较。使用的主要方法是识别衡量和序列衡量。识别衡量是指确定判断对象（某一备选方案）与判断标准相符合的程度。序列衡量是指把判断对象按一定标准排列起来后衡量其各自的优劣，它用于有多种方案均可选择时的最佳方案的确定。⑦得出结论。即做出最终的断定、估计或选择。

**2. 会计判断的外部影响因素**

会计判断作为会计工作者的一种思维活动，是处于特定社会、经济生活中的。因此，在界定其内部结构要素后，有必要对其外部的影响因素作些探讨，因为外部因素也是影响会计判断质量的重要因素。以财务会计判断为例，主要包括：

（1）相关会计法律和法规

该外部影响因素包括《中华人民共和国会计法》《中华人民共和国公司法》《中华人民共和国税收征收管理法》等会计法律规范以及会计制度、会计准则等会计技术规范。会计法律规范为会计职业判断行为提供了法律依据，限定了会计人员运用判断的程度，并通过惩罚等措施促使其更客观地进行判断。同时，会计技术规范本身就是最直接最根本的判断标准，有关规定越完善、可操作性越强，会计人员进行判断的依据就越充分，判断的任意性越小。

（2）会计职业道德规范

会计职业道德规范主要用来调整会计人员与社会、会计人员与不同利益集团以及会计人员之间的关系。它包含的内容相当广泛，如会计人员的专业素质、职业品格、工作作风和工作纪律等方面。切实遵循这些规范是会计人员进行合理职业判断的前提，这点在当前会计信息失真严重的时代背景下就显得更为重要。

（3）公司治理结构

现代公司制企业存在众多利益主体，他们对公司有不同的利益诉求。公司治理结构就是这些利益主体之间在责、权、利上的划分和相互制衡的机制，具体又分为外部治理机制和内部治理机制两类，前者主要是竞争市场对公司所实施的间接控制，包括资本市场、经理市场、兼并市场等；后者主要是企业内部通过组织程序所明确的所有者、董事会和高级经理人员等相关利益者之间的权力分配和制衡关系。由于很多契约的确立以会计数据为基础，会计人员与管理方又存在事实的雇佣关系，因此，公司治理结构往往会影响某些会计行为的发生。公司治理结构存在缺陷会使权利上的制衡机制被削弱，为管理方进行盈余管理提供条件，从而使会计人员的职业判断不可避免地受到管理方的外部干预。从这个角度说，完善的公司治理结构是会计人员进行公正的职业判断的保证。

（4）企业的生产经营特点

企业的生产经营特点包括企业的行业特点、经营范围、产品结构、经营规模、组织形式、资金来源状况、理财环境、内部管理等诸多因素。生产经营特点不同，企业的经济业务必然存在差别，对会计信息的揭示范围和要求的程度也不同，这实际上是对会计判断有了更高的要求。

## 4.2 会计判断的逻辑特征与逻辑规则

在前文中，我们对会计判断按照判断的类型进行了划分，为更好地展开对问题的讨论，有必要按照此线索对会计学科中经常使用的几种会计判断类型的逻辑特征和逻辑规则进行分析。

### 4.2.1 简单会计判断

#### 1. 性质会计判断

性质会计判断又叫做直言会计判断，它是断定思维对象具有或者不具有某种性质的会计判断。比如，“会计具有管理的职能”和“有的资产不具有高度流动性”就是两个性质会计判断。

从形式逻辑的角度，性质会计判断是由主项、谓项、联项和量项四个部分组成的。其中，主项是指表示会计判断对象的概念；谓项是指表示会计判断对象所具有或不具有的性质的概念；联项是指联结主项和谓项的概念，在逻辑学把联项称为“质”，由此，按照质的不同分为肯定联项和否定联项；量项是指表示主项数量的概念，比如“全部”“有的”等，按照所指的范围，量项分为全称量项、特称量项和单称量项。有必要指出的是：为追求简洁，有的会计判断中量项常被省略，如在“会计具有管理的职能”中就没有出现量项的文字，而实质上该性质会计判断是一个单称判断，其量项是单称量项。

具体而言，比如在上述两个判断中的“会计”和“资产”就是性质会计判断的主项，“管理的职能”“高度流动性”为性质会计判断的谓项，“具有”和“不具有”为性质会计判断的联项，“有的”为性质会计判断的特称量项。

（1）性质会计判断的类型

按照逻辑学的理论，分类要有一定的标准，并且按照不同的标准会出现不同的种概念，当然，性质会计判断也不例外。

按照性质会计判断中质的不同，其可分为肯定性质会计判断和否定性质会计判断。比如，“账户是对会计要素科学的再分类”① 就是一个肯定性质会计判断；而“会计不只是为经济管理提供资料”② 就是一个典型的否定性质会计判断。按照量项指向的范围，性质会计判断分为单称、特称和全称性质会计判断。比如，“会计是一个价值管理控制系统”③ 就是一个单称性质会计判断；“资产减值损失一经确认，在以后会计期间不得转回”④ 就是一个特称性质会计判断，在这里，资产减值是一个特称概念，它是指《企业会计准则第 8 号——资产减值》中特指的资产减值⑤。

同样地，如果把分类标准的内涵再次丰富，按照性质会计判断质和量项的结合，把性质会计判断可以分为如图 4.4：

① 刘峰，潘琰，林斌．会计学基础［M］．北京：高等教育出版社，2006：47.

② 葛家澍，刘峰．会计大典（第一卷）：会计理论［M］．北京：中国财政经济出版社，1998：107.

③ 葛家澍，刘峰．会计大典（第一卷）：会计理论［M］．北京：中国财政经济出版社，1998：107.

④ 财政部．企业会计准则［M］．北京：经济科学出版社，2006：39.

⑤ 在财政部颁布的第 8 号准则中，特指的减值不适用于第 1、3、5、15、18、21、22、27 号具体会计准则外的资产减值，所以说，从这层意义上讲，笼统地说资产减值损失不可转回是不准确的。比如，存货跌价准备就是有条件转回的。

性质会计判断
- 全称肯定性质会计判断（A 或 SAP）
- 全称否定性质会计判断（E 或 SEP）
- 特称肯定性质会计判断（I 或 SIP）
- 特称否定性质会计判断（O 或 SOP）
- 单称肯定性质会计判断（a 或 SaP）
- 单称否定性质会计判断（e 或 SeP）

图 4.4　性质会计判断分类图：按照质与量项综合分类①

（资料来源：作者整理）

（2）性质会计判断的真假规律

实际上，主项（S）和谓项（P）这两个概念间的外延关系存在五种，即全同关系、真包含于关系、真包含关系、交叉关系和全异关系。所以，根据主项和谓项之间的外延关系，凡满足某类性质判断形式断定方式的，就可以得出一个具有该类判断形式的真判断；否则，就得出一个具有该类判断形式的假判断。

这就是性质会计判断的真假规律，详见表 4.2②：

表 4.2　性质会计判断真假规律表

| 项目 | 全同关系 | 真包含于关系 | 真包含关系（1） | 交叉关系（1） | 真包含关系（2） | 交叉关系（2） | 全异关系 |
|---|---|---|---|---|---|---|---|
| A | 真 | 真 | 假 | 假 | 假 | 假 | 假 |
| E | 假 | 假 | 假 | 假 | 假 | 假 | 真 |
| I | 真 | 真 | 真 | 真 | 真 | 真 | 假 |
| O | 假 | 假 | 真 | 真 | 真 | 真 | 真 |
| a | 真 | 真 | 真 | 真 | 假 | 假 | 假 |
| e | 假 | 假 | 假 | 假 | 真 | 真 | 真 |

（资料来源：作者整理）

① 图中，括号内为该种会计判断的字母简称，其中 S 代表主项，P 代表谓项，S、P 之间的字母代表特定的性质判断类型，A 代表全称肯定，E 代表全称否定，I 代表特称肯定，O 代表特称否定，a 代表单称肯定，e 代表单称否定。

② 假定以△代表单称性质会计判断的外延，上述七种外延关系的详细描述为：全同关系为 S = P 且△属于 S 或 P；真包含于关系为△属于 S 且 S 属于 P；真包含关系（1）为△属于 P 且 P 属于 S；交叉关系（1）为△属于 S 和 P 的交集；真包含关系（2）为△属于 S 但不属于 P，且 P 属于 S；交叉关系（2）为△属于 S 但不属于 P；全异关系是指△属于 S。

对于同一素材即同一主项和谓项的 A、E、I、O、a、e 六类性质会计判断，具有如下真假规律：①SAP 的真假规律：当且仅当 S 与 P 具有全同关系或真包含于关系时，A 判断就必然是真的；同时在其他关系下，A 判断都为假。②SEP 的真假规律：当且仅当 S 与 P 具有全异关系时，E 判断就必然是真的；同时在其他关系下，E 判断都为假。③SIP 的真假规律：当且仅当 S 与 P 具有全同关系、真包含于关系、真包含关系（1）（2）、交叉关系（1）（2）时，I 判断就必然为真；而当且仅当 S 与 P 具有全异关系时，I 判断就必然为假。④SOP 的真假规律：当且仅当 S 与 P 具有真包含关系（1）（2）、交叉关系（1）（2）或全异关系时，O 判断就必然为真；其他情况下，O 判断为假。⑤SaP 的真假规律：当且仅当 S 与 P 具有全同关系、真包含于关系、真包含关系（1）或交叉关系（1）时，a 判断为真；其他情况下，a 判断为假。⑥SeP 的真假规律：当且仅当 S 与 P 具有真包含关系（2）、交叉关系（2）或全异关系时，e 判断为真；其他情况下，e 判断为假。

实质上，虽然上述性质会计判断真假规律的逻辑表述近乎枯燥，但却有丰富的实践意义，比如在下列一系列关联的性质会计判断中，就必须遵循上表所列示的真假规律。

假如 SAP“所有的流动负债都会在一年内到期偿付”为真，那么，在此限定下，SIP 和 SaP 为真，如“短期借款都将在一年内到期偿付”为真，而其他性质会计判断则为假，如“所有的流动负债都不会在一年内到期偿付”为假。

有必要指出的是：逻辑上的枯燥表述并不能掩盖该规律背后的逻辑实质，即六种性质会计判断之间相对应的真假关系——矛盾关系、反对关系、下反对关系和差等关系，其实质的涵义分别为：矛盾关系是指 A 与 O、E 与 I、a 与 e 三对判断形式之间的真假关系，即二者不能同时为真或假。反对关系是指 A 与 E、A 与 e、E 与 a 三对判断形式之间的真假关系，即二者不能同真，但可能同假。下反对关系是指 I 与 O、I 与 e、O 与 a 三对判断形式之间的真假关系，即二者不能同假，但可能同真。差等关系是指 A 与 I、A 与 a、a 与 I、E 与 O、E 与 e、e 与 O 六对判断形式之间的真假关系，即二者在同质的情况下，当全称或单称真，则特称必然真；反之，当全称或单称假，特称可能真也可能假；当特称假，则全称或单称必假；当单称假，则全称必假；反之，当特称真，则全称或单称可能真也可能假；当单称真，则全称可能真可能假①。

**2. 关系会计判断**

关系会计判断是指断定思维对象之间存在或不存在某种关系的会计判断。比如："应收账款的流动性小于交易性金融资产的流动性"和"担保债权的可收回性大于无担保债权的可收回性"就是两个关系会计判断，其逻辑特征表现为对两个会计思维对象的关系进行断定。再比如："流动比率等于企业的流动资产除以流动负债"和"企业的净资产等于资产总额和负债总额的差额"同样也是两个关系会计判断，其逻辑特征同样是一种断定，只不过思维对象的范围有所增加而已。

从逻辑形式的角度分析，一个标准的关系会计判断是由关系者项、关系项、量项和联项组成，其中关系者项是指在一个关系会计判断中表示被断定对象的概念，比如在上述举例中的"应收账款的流动性""交易性金融资产的流动性"，关系者项的数量至少有两个；关系项是指表示关系者项之间的某种关系的概念，比如上述举例中的"大于""等于"等；量项是对关系者项的数量进行限定的概念，比如"有的""任何"等；联项是指表示肯定或否定关系的概念，比如"是""不是"等。有必要指出的是：有些联项是隐含在关系项中的，比如上述举例中的"大于"就隐含肯定。

实际上，会计客观对象之间的关系是极为复杂的，关系会计判断并不研究会计客观对象之间的具体关系，而是试图从类型众多的关系会计判断中总结其共同逻辑性质，主要的关系类型有：

（1）对称关系、反对称关系和非对称关系

所谓对称关系是指在特定论域②中，如果会计客观对象 a 和会计客观对象 b 有一种称为 R 的关系，为行文方便起见简化为 aRb，同时在论域中也存在 bRa，那么 R 就称之为对称关系。比如"现金是企业资产中流动性最高的资产"就是

① 逻辑教材中都有更详细的论述。

② 特定论域是指讨论问题的范围，比如我们讨论资产的流动性是以流动资产为讨论范围，那么流动资产就是该问题的论域。

一个对称关系会计判断，也就是说“企业资产中流动性最高的资产是现金”同样是真。

所谓反对称关系是指在特定论域中，有 aRb 存在，但不存在 bRa，那么此时的 R 就称之为反对称关系。比如“应收账款的流动性小于交易性金融资产的流动性”就是一个反对称关系会计判断，也就是说，假如“应收账款的流动性小于交易性金融资产的流动性”为真，那么“交易性金融资产的流动性小于应收账款的流动性”就为假。

所谓非对称关系是指在特定论域中，有 aRb 存在，但可能存在 bRa，也可能不存在 bRa。比如“企业实现的营业利润可以降低企业的资产负债率”是真，但“企业的低资产负债率可以提高企业的营业利润”就存在两种可能，即或许为真，或许为假，这是因为企业的资产负债率只是决定企业营业利润的一个因素，较低的资产负债率可以降低企业的财务风险，降低企业的融资成本，但较低的资产负债率未必带来企业的营业利润。

（2）传递关系、反传递关系和非传递关系

所谓传递关系是指在特定论域中，有 a、b、c 三个会计客观对象，如果 a 对 b 有 R 关系，即存在 aRb，并且存在 bRc，那么存在 aRc。比如“企业债务转增股本可以提高企业的净资产”“提高企业净资产可以提高企业抗拒风险能力”存在，就存在“企业债务转增股本可以提高企业抗拒风险能力”。此时，这里的 R 就是一种传递关系。

所谓反传递关系就是在特定论域中，存在 aRb，并且存在 bRc，但是不存在 aRc，那么 R 就是反传递关系。比如，“在既定的资产规模下，如果企业的盈利增加 2 倍，企业的总资产报酬率也将提高 2 倍”“企业的总资产报酬率提高 2 倍，企业的净资产报酬率提高 1.5 倍”为真，但“在既定的资产规模下，如果企业的盈利增加 2 倍，企业的净资产报酬率提高 1.5 倍”一定不为真。

所谓非传递关系是指在特定的论域中，存在 aRb，并且存在 bRc，那么可能存在 aRc，也不可能存在 aRc。比如“甲企业通过持有 21% 的股权重大影响乙企业”“乙企业通过持有 21% 的股权重大影响丙企业”存在，但“甲企业通过持有 21% 的股权重大影响丙企业”就可能为真，也可能为假。

### 4.2.2 复合会计判断

按照图 4.3 的划分，复合会计判断可划分为联言会计判断、选言会计判断、假言会计判断和负会计判断四种，以下分述之：

**1. 联言会计判断**

（1）联言会计判断的实质

所谓联言会计判断是指同时断定若干客观会计事物性质或关系，或者对客观会计事物的若干方面进行断定的会计判断。一般来说，一个联言判断是由几个简单会计判断组成的。例如：

会计是一项重要的经济管理工作，可以促进企业的经济效益提高。

在上例中，是对会计这项工作的断定，它包含了两个简单的会计判断。即，一方面断定了会计是一项经济管理工作，另一方面又断定了会计与企业的经济效益的关系。

显然，这是一个联言会计判断。

（2）联言会计判断的逻辑结构

按照逻辑学的理论，一个联言会计判断在结构上由联言肢和联言联结项组成。其中，前者是指联言会计判断中的子判断，如上例中的“会计是一项重要的经济管理工作”；联言联结项是指把两个或两个以上的联言肢连接起来的项。有必要指出的是：联言联结项在有的联言判断中经常省略，起到简洁语言表达的作用。

（3）联言会计判断的类型

按照联言肢的关系，可以将联言会计判断分为不同类型。具体而言，根据联言联结项的不同，联言肢在语气上呈现如下关系：

第一，并列关系。此时，一般使用的联言联结项为“既……又……”“……并且……”“是……不是……”“一方面……另一方面……”等，即前面和后面的联言肢是一种并列的关系。例如：会计信息既要求相关性，又要求可靠性。

第二，递进关系。此时，一般使用的联言联结项为“不但……而且……”

“不仅……也……”等，即前后的联言肢是一种递进的关系。例如：会计这种管理活动不仅具有核算职能，而且具有监督职能。

第三，转折关系。此时，一般使用的联言联结项为“虽然……但是……”“尽管……可是……”等，即前后的联言肢是一种转折的关系。例如：企业可以根据实际情况对投资性房地产按照公允价值进行计量，但一经确定不得随意变更。

**2. 选言会计判断**

（1）选言会计判断的实质

所谓选言会计判断是断定在若干可能的客观会计事物的性质或情况中，至少有一项存在的复合判断。所以，选言会计判断也称之为析取会计判断。比如：2007 年度上市公司利润大幅增长，可能是企业的收入大增，可能是企业费用控制能力增强，也可能是使用新会计准则受益。

（2）选言会计判断的结构

与联言会计判断相似，一个选言会计判断也由选言子判断和选言联结项组成。其中，选言子判断如上例中的“企业的收入大增”“企业费用控制能力增强”“使用新会计准则受益”；而选言联结项为“可能”。

（3）选言会计判断的类型

同样地，按照选言子判断间的关系，可以将选言会计判断分为：

第一，相容选言会计判断。此时，各个选言子判断不是排斥的关系，而是至少有一个存在。比如在上例中，一个上市公司的利润大幅增加，可能是三方面因素都存在，但至少有一个方面的原因存在才能使企业在 2007 年度的业绩大幅增加。

第二，不相容选言会计判断。此时，各选言子判断不能同时为真，而是存在一个排斥的关系。通俗地讲，只能“一枝独秀”，而不能“满园春色”。比如：企业的无形项目支出，要么资本化，要么费用化。

**3. 假言会计判断**

（1）假言会计判断的实质

假言会计判断就是断定一个会计事物的客观存在是另一个会计事物存在条

件的复合判断。实际上，这也是对客观存在的会计事物之间普遍联系的一种断定。从会计领域的实际来看，会计事物之间是一个有机整体，假言会计判断的逻辑任务就是揭示它们之间的联系。

这样的例子在会计实务和会计研究中很多，比如：

假如，企业的流动负债规模过大，那么，企业的流动比率将降低。

在严重通货膨胀期间内，如果企业采取先进先出法，将高估企业的盈利。

在新的具体会计准则中，假如发现以前年度会计差错，应当采取追溯重述法进行会计处理。

（2）假言会计判断的结构

同样地，一个假言会计判断也是由两个假言子判断和假言联结项组成。假言子判断中，表示条件的称之为假言会计判断的前提，而表示结论的称之为假言会计判断的后件。假言会计判断的前提如上述例子中的“企业的流动负债规模过大”“企业采取先进先出法”“发现以前年度会计差错”；假言会计判断的后件如上述例子中的“企业的流动比率将降低”“高估企业的盈利”“采取追溯重述法进行会计处理”。

假言联结项如上述例子中“假如……那么……”“如果……将……”“假如……应当……”。

（3）假言会计判断的类型

根据假言会计判断前提和后件之间的关系，可将假言会计判断分为以下几种：

第一，充分条件假言会计判断。该类型的特征是前提子判断是后件子判断的充分条件，即由前提必要推出后件。比如：

若租赁的资产在期限届满后所有权转移给承租人，那么，就应该将其认定为融资租赁。

这符合融资租赁的确认标准，在此判断中，前提是后件的充分条件。

第二，必要条件假言会计判断。该类型的特征是前提子判断是后件子判断的必要条件，即没有前提就必然没有后件。换个角度讲，存在前提，后件依然具有不确定性。所以，必要条件的假言判断之联结项一般采用“只有……才能……”“除非……不……”“必须……才……”等。比如：

只有迅速提高企业产品的毛利率，才能使企业的利润大幅提高。

实际上，在管理费用高、财务费用巨大等情况下，企业产品毛利率的提高未必能导致企业净利润的大幅提升。也就是说，在这个假言判断中，前提是后件的必要条件。

第三，充分必要条件假言会计判断。该类型的特征是前提是后件的充分必要条件，前提和后件之间是互为条件和结果。其一般使用“当且仅当……才……”等联结项。比如：

当且仅当由企业控制或拥有的资源满足了可定义性和可计量性，才是企业的资产。

**4. 负会计判断**

（1）负会计判断的实质

所谓负会计判断是指通过否定某个会计判断而形成的复合会计判断。比如：

企业的会计信息并非只要求相关性和可靠性。

并非降低资产负债率就能降低企业的融资成本。

（2）负会计判断的结构

在负会计判断中，被否定的会计判断称之为负判断的子判断。对该子判断进行否定的词称之为否定联结项。比如，在上述例子中，子判断分别为“企业的会计信息只要求相关性和可靠性”和“降低资产负债率就能降低企业的融资成本”，联结项为“并非”。

（3）负会计判断的类型

对负会计判断进行划分，根据其否定的子判断的类型，可以将其分为负简单会计判断和负复合会计判断，还可以将其分为负联言会计判断、负选言会计判断和负假言会计判断。

# 第 5 章　会计职业判断和会计理论判断

## 5.1 会计职业判断

### 5.1.1 会计职业判断的定义：从会计实务工作谈起

研究会计职业判断，首先应该解决何为会计实务工作，这是界定会计职业判断的先决条件。

所谓会计实务工作是指会计机构及会计人员为完成一定的工作任务，采用相应的方法，对客观会计事物进行实践的能动性活动。在经济实践中，有时也称之为财务工作。从系统论的角度细究此概念，其主体是会计机构①或会计人员，是该系统最具有能动性的要素；会计对象是该系统的客体；会计工作任务是该系统的目标指导；会计工作方法是软件，起到连接系统主体和客体的桥梁作用。

在此有必要重点指出的是：会计方法是指会计人员为完成会计工作目标或任务所采取的手段、措施和途径的总和。它包括会计核算方法和会计管理方法等，前者用于完成会计核算任务，后者用于完成会计管理任务。进一步讲，会计实务工作是会计人员的一种能动性的会计实践。从思维的角度讲，会计人员的思维能力状况将直接决定会计实务工作的效果或成败，该种思维能力表现为

① 会计机构本质上是会计人员部门化的统称，其能动性的个体依然是会计人员。

会计职业判断能力。因此，从该角度讲，重视会计人员的逻辑判断能力就显得非常必要。也就是说，在会计人员能动地完成各项会计工作任务的过程中，会计职业判断无不时刻发挥着作用，会计职业判断实质上构成会计工作方法的重要组成部分。

比如，对特定企业的会计核算工作而言，虽然有一系列的会计规范可供遵循，但在实际的会计工作中企业适用哪些会计规范的具体规定，即企业会计政策和会计估计的具体选择及其执行实质上是一个会计职业判断的问题，这就要求会计人员在遵循会计规范的大框架下，选择最适合企业实际情况的会计核算方法和程序，继而生成最能够真实表达企业财务状况、经营成果和现金流量的相关信息。在此恰当的例子不胜枚举，诸如企业投资性房产的计量属性选择、企业存货实物流的假定、企业固定资产的折旧政策、企业无形资产可收回价值的界定等无不显现会计职业判断的影子。再比如，在企业的会计管理工作中，为完成会计管理的目标，会计人员会对企业的成本、利润、资金等方方面面实施一系列的管理工作，同样也需要会计职业判断能力①。

基于此，笔者将会计职业判断定义为：会计职业判断是会计人员为完成会计实务工作目标，根据相关会计规范，发挥主观能动性的思维方式，是对会计工作中的会计客观事物的一种合乎规范的断定，是会计工作方法的一种有机组成部分。

有必要解释的是：①从人的思维形式角度上看，会计职业判断本质上是会计人员的一种思维活动形式。也就是说，从思维的角度讲，其应该遵循判断的逻辑形式和规则。②从会计实务的角度讲，会计职业判断是会计人员对工作过程中的客观会计事物的一种合乎规范②的断定，是会计人员运用自身专业知识和职业经验，通过识别、计算、分析、比较等方法，对不确定性的会计事物所做的合乎理性的断定。否则，就不能称之为会计职业判断。比如，对固定资产折旧政策，是选择直线法还是加速法必须合乎会计准则的具体要求以及结合企

① 比如，会计人员借助会计职业判断能力甄别成本属性，继而为企业制定先进的成本标准奠定良好的基础，继而控制成本、提高利润。

② 这里的规范是指会计法律法规、规章和会计准则等一系列企业会计工作必须遵循的规定。

业的实际情况的断定。③从会计工作系统的角度讲，会计职业判断是该系统软件即会计工作方法的一个重要组成部分。

### 5.1.2 会计职业判断的成因

会计职业判断是客观存在的，但为什么会存在会计职业判断？对该问题的求源无疑将加深对会计职业判断的理解，笔者认为，有以下几点原因：

（1）会计主体所处会计环境的不确定性是会计职业判断存在的外因

会计环境是指会计主体所处的周围情况的总和。随着经济全球化、资产证券化[①]等进程的加快，企业产品经营让位于价值经营的盈利模式[②]的改变，企业风险控制方法和手段[③]现代化，现阶段企业面临的不确定性程度是传统企业所从来不曾遇见的。如果说，传统企业只需要分行业的会计制度、财务制度就可以基本完成会计工作目标，那么其在现代会计环境下是远远不够的，这是因为会计环境的不确定程度愈来愈高，继而会计人员必须作出愈来愈多的会计判断。

（2）会计人员素质的提高是存在会计职业判断的主体因素

在会计工作中，会计人员是最具能动性的积极因素。如果会计人员的思维能力偏低、思维不活跃，也不可能存在有效的会计职业判断。实际上，会计人员素质的提高有赖于会计理论的长足发展、科技水平的高速发展等系统性因素的改变。比如，有关资产的会计理论的发展加深了会计人员对会计对象的认识，资产从仅仅局限于实物资产而拓展为有形资产加无形资产。同时，对资产的消耗、折旧和摊销等价值回收方式的全面认识加深了会计人员对资金运动的认识，进而有可能使会计人员基于不同的资金流动路径选择不同的会计核算方法和会计管理方法。进一步讲，对于使用寿命确定和不确定的无形资产应该采取不同

---

① 资产证券化是指资产的虚拟化，比如企业对上市公司流通股的投资表现为一定数量的金融虚拟资产。

② 这是指传统企业只注重于产品经营就可生存、获利和发展的模式不再，一个现代企业仅仅有一个好的产品是远远不足以成功的，也就是说，好的产品并不必然导出企业生存、获利和发展的核心竞争力。

③ 基于企业资产证券化程度的提高，企业防范和控制风险的手段和方法将不仅仅局限于传统的方法，比如对于汇率风险的防范就不仅仅能通过资产和负债的平衡，还能通过期权、互换等金融创新来实施。

的会计核算方法和会计管理方法，这一点在我国新的会计准则体系中彰显无遗①。也就是说，如果没有会计人员素质的全面提高，会计职业判断就无从谈起。

（3）会计实务规范体系的不完备性

一个会计主体的会计工作是在一定的会计实务规范体系的框架下进行的。遗憾的是该规范体系往往是不完备的，其原因在于规范体系原则性强而操作性弱②、更新速度慢③等因素，也就是说，相对于生动、丰富的会计环境和会计主体的创新，会计实务规范体系的不完备是永恒的、绝对的。因此，在此规范体系的背景下，会计人员的会计职业判断就显得尤为重要，可以说这是会计职业判断存在的制度因素。

### 5.1.3 会计职业判断的本质

（1）会计职业判断本质上是一种认知过程

会计职业判断是会计人员对复杂而不确定性的会计事物的一种断定。在这一过程中，复杂而不确定性的会计事物给予会计人员以刺激，会计人员基于自身的知识、经验，在会计规范的框架下对该会计事物作出一种合乎规范的断定④。所以说，从这一角度讲，会计职业判断首先是一种人的认知过程。

（2）会计职业判断最终将转化为一定的会计行为

众所周知，行为是受一定的思维支配的一种活动。会计职业判断是一种会计人员的认知结果，在此支配下就必然实施一定的、保持逻辑一贯性的会计行为，即将一定的认知结果落实到一定的行为活动中去，从而将会计职业判断转化为一定的会计行为。从哲学的角度讲，这实际上也是一个主观见之于客观的

---

① 《企业会计准则第6号——无形资产》中规定：企业应该判断无形资产的使用寿命分别并对其加以核算和管理，对使用寿命确定的采取直线摊销的办法并于每年年度终了进行复核，对使用寿命不确定的实行不摊销并在每个会计期间进行复核。

② 规范体系不是针对某个具体会计主体而制定，而是要在抽象的基础之上照顾到大多数会计主体，这样才能尽可能地降低执行成本和监督成本，所以规范的原则性往往较强，而相对于某个会计主体的具体情况却显得操作性弱。

③ 这里所指的更新速度慢是指相对会计环境的变化速度而言。一个会计规范有其一定的制定程序而颇费时日，因此其更新速度往往跟不上创新迭出的经济环境。

④ 在少数情况下，并没有现行的规范可以依据，此时会计人员的知识和经验就更显得格外重要。

过程；进一步讲，会计职业判断的正确与否，也是要经过一定的会计实践的检验才能证明的，只有遵循这种从会计实践中来、到会计实践中去的会计职业判断路线，才能实现会计职业判断水平的提高。

### 5.1.4 会计职业判断的特点

毋庸置疑的是：会计职业判断是会计判断的一个种概念，所以，会计职业判断本身具有会计判断的共性，即具有目标性、主观性、专业性、约束性、实践检验性和思维检验性等共性。同时，作为种概念，其种差主要表现为：

（1）具体性

会计职业判断是基于某种具体的会计处理方法、会计处理程序而作出的断定，其原则性相对较弱，而凸显具体性。比如，基于对当前经济周期的认识①而对企业的存货采取后进先出法等稳健的会计处理方法；基于对某项无形资产使用寿命的判断而采取不摊销，且在每个会计期间的结束时对可收回金额进行复核的会计处理程序等等。

（2）全程性

从会计核算的循环角度讲，会计职业判断贯穿于会计工作的全过程。首先，识别会计原始凭证，进而判断其是否真实、完整、合法；其次，判断经济业务的性质，并作出正确的会计处理、合理地设置会计账簿并登记、进行财产清查和账簿核对；最后，进行会计报告的编制。可见，每个会计核算步骤都离不开会计职业判断。同样地，针对会计管理的循环亦然，从会计管理目标的设定、管理方法的选取、管理过程的控制、管理结果的分析到管理报告的撰写都时刻离不开会计职业判断。

（3）经验性

会计工作是一项技术性很强的经济管理工作，而会计职业判断贯穿于会计工作的全过程。会计人员在对客观会计事物进行断定时要运用一定的知识和经验，特别在没有现行的会计规范指导的情况下，会计人员的经验就显得尤为重要。实际上，在会计职业判断中，会计人员的经验往往影响着判断的效率和质

---

① 在实务中，一般根据相关权威部门披露的物价指数等数据而确定。

量。一般来说，有多年会计行业从业经验的会计人员往往在速度、正确性上明显地处于优势地位。

## 5.2 会计职业判断的内容与程序

一般而言，会计职业判断包括对会计处理方法和程序的选择，即会计原则选择、会计政策选择和会计估计选择三方面。然而实际上，从时间序列的角度讲，会计职业判断贯穿于一个会计主体的设立、正常经营与歇业清算；从空间序列上讲，会计职业判断的范围也不仅仅局限于会计主体的内部，而不可避免地延伸到外部①。从会计职业判断所应该具有的知识和经验体系看，仅仅依靠单纯的会计理论知识是不够的。因此，从如上情况看，会计职业判断的内容是极其丰富的，涉及的范围极其广泛。进一步讲，试图无一遗漏地对会计职业判断的内容进行概括是极其困难的，退而求其次从不同的角度进行总结，这不失为一个明智的选择。

### 5.2.1 会计职业判断贯穿会计核算的全过程

从会计核算的角度讲，会计职业判断贯穿其全过程。以一个规范的企业为例，会计核算有一套完整的基本程序和方法体系，在经典教材《会计原理》中将其分为填制和审核会计凭证、设置账簿、复式记账、登记账簿、成本计算、财产清查以及编制报表七个步骤。实际上，以上各个步骤的顺利完成都需要不同程度的会计职业判断，选取其中几个步骤进行分析：

第一步骤，填制和审核会计凭证。这是会计核算的基本环节和起点。会计

① 比如，对企业拥有的投资性房地产的公允价值后续计量就存在一个对周边物业的判断问题，而在这种情况下，其实务判断触及的范围就超出了企业这一会计主体的范围。相似的情形还包括：在采用现值计量的计量属性下折现率的确定、资产减值的确定和应收款项的可收回性等。

职业判断在其中的主要作用表现在：①审核原始凭证，判断原始凭证的真实性、合法性、合理性、完整性等。以企业为例，原始凭证是登记经济业务发生和完成情况、明确经济责任，并作为记账凭证依据的书面证明。会计人员必须对其真实性、合法性等进行全面的审核，判断其是否符合国家的财经政策、是否合乎法律法规的规定、是否经过适当的授权、是否符合企业的内部规章制度。同时，在此基础之上按照会计相关法规的规定进行完整性判断。比如根据《会计基础工作规范》的要求，判定原始凭证是否具备原始凭证名称、填制原始凭证的日期、填制原始凭证的单位名称或者填制人员的姓名、接受原始凭证的单位、经济事项的名称、经济业务事项的数量单价及其金额、经办人员的签名和盖章等必备要件，否则就不能将其作为记账凭证的依据，必须进行更正或补充。②对企业内部的事项，需要进行原始凭证体系的规划设计。具体工作为确定内部自制原始凭证的种类、格式、内容、联次等，从便捷和规范企业会计核算的角度进行统筹规划，这当然需要会计职业判断。③判断企业经济业务的性质，确定相应的会计分录，进而填制记账凭证。显而易见，在这一过程中，要求会计人员根据复式记账的要求对经济业务的性质进行综合判断。

第二步骤，设置账簿。众所周知，会计凭证提供的会计信息是零散而无章的，必须进行进一步分类归集和整理。在该阶段，会计职业判断的主要表现为合理规划会计科目（包括总账科目和明细科目）。以企业为例，按照我国现行的会计准则体系的要求，在颁布的《企业会计准则应用指南》中所设计的会计科目体系是一个通用的体系，在设计过程中涵盖了各类企业的交易或者事项。也就是说，对于一个特定行业、规模企业而言，通用体系并不是最佳的会计科目体系。因此，在《企业会计准则应用指南》中就特别指出："企业在不违反会计准则中确认、计量和报告规定的前提下，可以根据本单位的实际情况自行增设、分拆、合并会计科目。企业不存在的交易或者事项，可不设置相关会计科目。对于明细科目，企业可以比照本附录中（指《企业会计准则应用指南》的附录，笔者注）的规定自行设置。会计科目编号供企业填制会计凭证、登记会计账簿、查阅会计账目、采用会计软件系统作参考，企业可结合实际情况自行确定会计科目编号。"① 这实际上就指出，企业的会计人员需要在充分考虑企业自身规模、人员素质、业务类型、管理要求等个别特征的基础之上，选择适合本企业的会计科目体系，在这个过程中会计职业判断是不可或缺的。

第五步骤，成本计算。以制造型企业为例，成本计算是一项重要的会计核算工作，在此阶段中，会计职业判断的主要表现在：①根据企业的具体情况，合理地确定企业的成本计算对象；②确定成本的计算期间；③在充分考虑核算效率和管理要求的基础之上，确定每个具体成本计算对象的成本项目；④确定费用的归集和分配程序；⑤确定成本计算方法。

同样地，在财产清查和编制报表的步骤中，会计职业判断也是不可或缺的。在财产清查阶段，为保证账实相符、账证相符、账账相符和账表相符，必须合适规划实物财产的清查方法、合理设立清查工作组织、对清查的结果采用合理的方法进行相符性核对、根据核对的结果对财产进行原因分析、根据相关法律法规进行相应的处理②等等。在编制财务报表阶段，会计职业判断主要表现在会计报表有关项目的分析填列和列示、会计报表附注的撰写和相关信息披露等等。

### 5.2.2 会计职业判断贯穿会计管理的全过程

会计管理是指会计人员为实现会计目标，采用一定的方法和手段，对会计主体的经营等活动发挥作用的过程。以企业为例，会计管理就是指企业的会计人员为完成企业目标统驭下的会计目标，为提高企业总体的经济效益和社会效益而采用的相关措施、方法和手段的总称。可见，会计管理是一个综合的概念。如果按照划分的形式逻辑的要求，以会计管理内容性质来划分，可以将其分为资金管理、成本管理和利润管理三个部分：

资金管理是指会计人员对生产经营过程中的资金流动进行的管理。以企业为例，其主要内容包括以最小化的资金成本取得企业生存、发展和获利所需要

① 财政部．企业会计准则应用指南［M］．上海：立信会计出版社，2018：288.

② 这里的相应处理不仅仅是指财务上的账实调整，即将差异统一归集在待处理财产损益之中，还包括根据财产清查的结果上报有权处理的部门或机构，根据权威部门的认定进行账务上的进一步处理。

的资金，通过相关的管理活动和方法加快资金的周转以提高资金的使用效率，参与企业投资活动论证和过程控制以期将有限的资金投入到最盈利的项目中，制定合理的资金分配计划以合理保证企业股东的回报，大型企业的资金管理模式选择等，这些资金的管理活动当然需要会计职业判断。

比如，在企业的融资过程中，从战略角度讲，是采用资本市场的直接融资还是采用间接融资的判断：①如采用前者，何时、何地以及以何价格发行股票，通常不仅仅是企业的非会计部门所能一手包办的，这个系统工程中需要会计人员的聪明才智，要依靠会计人员的实务判断。因为做好这一切的基础是对企业质量的判断，而会计部门是企业资金流的汇集地，会计人员有当仁不让的地利优势和知识优势，能利用其判断能力对企业的质量做出恰当的评价。②如采用间接融资，选择是直接向银行申请贷款还是发行债券也需要会计职业判断。实际上，在企业中只有会计人员最了解企业的财务状况、财产的可抵押金额、企业的银行信用等级变动情况及相关的资金融通的操作规范，也只有会计人员能够综合这些因素进行判断，继而采用最为便利、资金成本最小的间接融资方式。

再比如，对于一些大型的集团企业来讲，集团层面上的资金管理模式的选择问题（即在以下方式中进行选择：统收统支方式、备用金方式、结算中心方式、内部银行方式和集团财务公司方式）同样需要会计职业判断。因为只有企业的会计人员对企业资金的流向、流量、日常结余和赤字等方面的信息有较全面的认识。必须在充分掌握该类信息的基础之上，综合诸如人力资源储备、企业发展战略等实际因素才能选择一个适当的资金管控模式。

成本管理是指会计人员为实现以最小化的成本生产合格产品和提供劳务而采取的多种方法和手段的集合。其重点在于企业成本控制方法的选择，比如选择全面成本管理法、全员成本管理法、责任成本管理法等等。实际上，这个选择过程也需要会计职业判断，即需要根据以往年度的成本会计数据进行分析、找出差距、拟定策略。

同样地，企业的利润管理亦然。

### 5.2.3 会计职业判断涉及确认、计量、记录和报告各个环节

以企业会计为例，前文已从程序角度讨论了七大基本程序富含会计职业判

断。如从会计核算的角度，即从确认、计量、记录和报告四个环节上分析，会计职业判断也是富含其中的。

第一，确认环节。所谓确认是指将一个会计主体的经济业务[①]作为会计对象要素计入账簿或者作为会计报表要素在财务报表列报的过程[②]。在初始确认时，要对进入会计人员视野的经济业务进行初步的筛选，判断经济交易、事项和情况是否应该进入会计处理系统，将以何种会计对象要素的形式进入等，这些无不需要会计人员的会计职业判断。实际上，会计确认的基本标准主要是可定义性和可计量性，以财务会计为例，虽然在基本会计准则和相关的具体会计准则中有规定，但在会计人员处理具体的会计业务时还是需要结合企业的实际情况，依据会计人员的会计职业判断才能有效地做好会计确认。

第二，计量环节。所谓计量是指对已经确认进入会计系统的经济业务采用相关的计量属性和计量单位使之实质性地进入会计系统的过程。简言之，会计计量要解决的是对经济业务以何种计量属性和何种计量单位进行计量的问题，这个过程更需要会计判断。以我国财政部颁布的《企业会计准则》为例，在基本准则中，首次明确了计量属性有五种，即历史成本、重置成本、可变现净值、现值和公允价值，并且规定“企业在对会计要素进行计量时，一般应当采用历史成本，采用重置成本、可变现净值、现值、公允价值计量的，应当保证所确定的会计要素金额能够取得并可靠计量”。[③] 从该规定中可以看出，企业会计人员在具体的计量过程中可选择性采用计量属性，这就需要会计人员的会计职业判断。当然，会计人员选择相应的会计属性对会计对象要素进行计量是在财务会计目标的指引下，为保证会计信息的相关性和可靠性而做出的专业判断。进一步讲，在具体会计准则中，规定可选择计量属性的准则占了很大的比例，比如投资性房地产、生物资产、存货、股份支付、金融工具确认和计量等。可见，

---

① 这里的经济业务是指交易、事项及情况的总称。

② 在第 3 章中笔者已对会计对象要素和会计报表要素做了深入的辨析，认为会计对象要素和会计报表要素是两个不同的会计概念，虽然它们之间联系紧密。因此，从这个角度讲，确认应该分为两种，即：a. 初始确认，即计入账簿系统；b. 后续确认，即会计期末采用分析或其他的方法以列报在会计报表中。同时为行文的方便，将后续确认放在后文中详述。

③ 财政部．企业会计准则 2006［M］．北京：经济科学出版社，2006：6.

在会计计量阶段，会计职业判断是不可或缺的。

第三，在会计记录和会计报告阶段，会计人员也需要会计职业判断。在会计记录过程中，虽然上述会计确认和会计计量解决了记录的会计对象要素和具体金额，但会计对象要素本身是一个属概念，是一个集合概念，具体而言是以何种种概念进入账簿中、进入哪个具体的会计科目中，就需要会计职业判断，虽然这个过程相对而言比较简单，但高超的会计职业判断能够尽可能重现资金的来龙去脉，提高账簿记录的可理解性。在会计报告阶段，涉及会计确认中的后续确认，按照会计信息是否进入表内分为表内列示和表外披露两种，分别在会计报表中列示和在附注中披露。也就是说，对企业账簿中的不同的会计信息是以何种类型列报实质上是一个会计职业判断的过程，这是分类的第一步；继而在相应的列报方式下，以何种形式、什么金额列报是会计职业判断的第二步，比如，对于会计报表项目名称、顺序等的确定，金额是直接来自会计账簿还是通过分析取得等，每个过程都涉及会计职业判断。

在这里不可不提的是：在我国现阶段，在会计报告环节，为体现不同企业的行业差别和特殊情况，在不违背会计总体规范的要求下，允许企业根据实际情况对有关项目进行自主决定。为此在《企业会计准则第 30 号——财务报表列报》的应用指南中就规定："企业应当根据其经营活动的性质，确定本企业适用的财务报表格式和附注。"① 实际上，在企业层面，这是会计人员通过会计职业判断来确定的。

## 5.2.4 在信息化高度发达的当今时代更需会计职业判断

21 世纪是信息爆炸的时代，科学技术的飞速发展、计算机的广泛使用、网络技术的成熟度提高等因素为会计工作的现代化、规范化和标准化带来了新的挑战和机遇，可以说会计工作进入了一个全新的科技环境和管理环境。

在新的环境下，对会计人员的素质要求愈来愈高，对其会计职业判断能力的要求也愈来愈高，充分表现在以下几方面：①会计电算化日趋成熟，带来了企业会计处理程序的流程再造和方法升级。比如，如何实现企业工资核算模块

① 财政部．企业会计准则——应用指南［M］．北京：中国财政经济出版社，2006：70．

和账务处理模块的对接，如何设计相关模块之间的计算机自动校验，如何在分析的基础上通过系统参数和公式的设置以实现定期财务会计报表的自动生成等，这些都需要会计职业判断。从理论上讲，如此环境对会计人员的知识结构提出了更高的要求，继而使会计人员会计职业判断的能力和范围得以极大拓展。这从一个侧面说明时代在进步，对会计人员的素质要求越来越高，对会计这一经济管理工作的要求越来越高。②网络技术的成熟，给会计人员的会计职业判断提供了更广阔的平台。基于网络环境下的财务集中管理软件已经日益成熟，企业的会计人员能进行实时的账务处理，只要通过简单的操作就可以使软件实时生成会计职业判断所需要的基础财务信息，继而在此基础之上进行分析判断，进而采取相应的会计管理方法，以实现企业的会计目标。③系统 ERP 的日益成熟，有望实现企业物流、资金流和信息流的集成，这为会计职业判断的升华提供了更好的管理环境。所谓 ERP 系统，是指建立在信息技术的基础上，以系统化的管理思想，为企业决策层及员工提供决策运行手段的管理平台。ERP 系统集信息技术与先进的管理思想于一身，成为现代企业的运行基石，反映时代对企业合理调配资源、最大化地创造社会财富的要求，成为企业在信息时代生存、发展的基石。可以说，成熟的 ERP 系统为会计职业判断提供了更好的软件基础，极大地缓解了会计人员在物流、非财务信息流等方面的信息不对称程度，减少了会计人员进行会计职业判断的资料搜寻成本，进而方便会计人员及时、快捷、准确地做出会计职业判断，提高会计核算和会计管理的效率和质量。

## 5.3 会计职业判断例释：以具体会计准则为例

为进一步说明会计职业判断在会计实务工作的重要作用，笔者以我国颁布的《企业会计准则第 1 号——存货》等具体会计准则为例，对涉及会计职业判断的事项进行不完全列举。

**1. 存货的计价方法**

《企业会计准则第 1 号——存货》第十四条第一款规定："企业应当采用先进先出法、加权平均法或者个别计价法确定发出存货的实际成本。"同样地，《企业会计准则第 1 号——存货》第二十条规定："企业应当采用一次转销法或者五五摊销法对低值易耗品和包装物进行摊销，计入相关资产的成本或者当期损益。"这实质上表明，会计政策的选择需要会计人员的会计职业判断。

**2. 长期股权投资的计量**

《企业会计准则第 2 号——长期股权投资》中规定，在长期股权投资的初始计量阶段，需要企业的会计人员对长期股权进行适当的类别判断，区分为同一控制下的企业合并、非同一控制下的企业合并以及其他类型①，确定长期股权投资的初始计量。然后，在此基础上需要选择不同的后续的计量方法进行会计核算，如采取成本法或权益法进行投资收益或亏损的确认，投资的增资、减资或处置等核算，这些都离不开会计人员高超的会计职业判断能力。

**3. 固定资产折旧方法**

《企业会计准则第 4 号——固定资产》第十七条规定："企业应当根据与固定资产有关的经济利益的预期实现方式，合理选择固定资产折旧方法。可选用的折旧方法包括年限平均法、工作量法、双倍余额递减法和年数总和法等。"第十九条规定："企业至少应当于每年年度终了，对固定资产的使用寿命、预计净残值和折旧方法进行复核。"同样地，第二十条、第五条等都需要会计实务人员根据企业的实际情况运用其会计职业判断能力进行确定。

**4. 无形项目支出的资本化与费用化**

在《企业会计准则第 6 号——无形资产》中同样富含会计职业判断。会计人员需要在其他专业人员判断的基础上，对企业无形资产的支出进行资本化还是费用化的判断，将属于研究阶段的支出费用化，而将属于开发阶段的支出资本化。

---

① 其他类型包括以支付现金取得、以发行权益性证券取得、通过非货币性资产交换取得和通过债务重组取得。

**5. 非货币性交易的判断**

《企业会计准则第 7 号——非货币性资产交换》规定：首先，要根据该准则第二条非货币性资产交换的定义判定交换是否为非货币性交换；其次，根据该准则第四条规定判定是以换出资产的公允价值还是以换入资金的公允价值为计量的基础；最后，判断其是否具有商业实质。

**6. 资产减值的判断**

在《企业会计准则第 8 号——资产减值》中涉及会计职业判断的主要部分为：第一，对可能发生减值资产的认定；第二，资产组的认定；第三，总部资产的认定。

## 5.4 会计理论判断

### 5.4.1 会计理论判断的定义：从一篇会计论文谈起

为清晰说明会计理论判断，笔者选择权威会计杂志《会计研究》2006 年第 9 期第 7 页上的文章《会计计量属性的探讨》（作者：葛家澍、徐跃）为样本进行分析。

简要地说，该文是对计量属性的一种探讨。其主要思路为：对市场价格、历史成本、现行成本和公允价值四种计量属性进行分析比较，认为市场价格是所有计量属性的基本概念，其他计量属性如历史成本、现行成本都来自市场价格。同时，该文用较大篇幅分析了公允价值的九种不同定义，指出公允价值的实质是在现行交易中的估计价格，而不是过去交易中形成的实际价格。

该文的结论中对如上几种计量属性进行了理性阐述，判定了各种计量属性背后的本质，即历史成本、现行成本的基础是市场价格，公允价值的基础是估计的市场价格，对这几种计量属性的理论属性进行了断定。

实际上，在日常的社会经济生活中，由于人们受到主观条件以及客观环境等因素的制约，在认识客观会计事物的过程中，不可避免地产生不同的主观认识。那么，此时就存在一个如何判定这个多元化认识的过程，也就是说为统一认识、以正视听，必须对各种各样的个体认识进行真伪、优劣、价值取向以及相互关系等方面的断定和评价，这种过程就是会计理论判断。

因此，笔者认为：所谓会计理论判断是指在会计理论领域中，人们对各种会计理性认识的一种真伪、优劣、价值取向、相互关系等方面的断定。比如，对存货流转方法中的先进先出法和后进先出法的断定，从企业的整个营业周期而言，其对企业的财务状况、经营成果以及现金流量的反映是异曲同工的。但在不同的经济周期中，在不同的价格趋势环境中，这两个方法背后的会计理念是不同的。比如在严重通货膨胀时代，后者比前者更稳健，会计处理的结果更保守，更有利于企业的资产保值。而前者则显得更为激进，这样是不利于企业的资产保值和持续经营的。

### 5.4.2 会计理论判断的意义

会计理论判断是客观存在的，其意义主要表现为：

**1. 会计理论判断有利于会计理论的发展**

会计认识是一个不断反复的过程。在这个过程中需要不断地进行断定，淘汰落后的理论，更新先进理论。其原因为：会计事物往往是复杂的，其本质的暴露需要一个过程，并不是显明的，同时人的认识手段、认识深度也是一个不断进化的过程。在这个互动的过程中，是会计理论判断的拉动作用促进了会计理论的发展。

**2. 会计理论判断有利于会计理论的创新**

人的思维活动是有一定规律的，从思维形式的角度是一个由概念、判断到推理逐步推进的过程。在这个思维逐步深化的过程中，判断起到一个承上启下的作用。也就是说，判断是概念的继续和展开，是对概念的进一步说明，而创新的思维往往是在对客观会计事物进行判断的过程中产生的。比如，人们对资产概念的认识，从有形的实物资产发展到无形资产，实质上是通过对资产概念的进一步判断而创新的结果。

**3. 会计理论判断是淘汰落后会计理论的有力武器**

常言道，万事辨则明。一个会计理论是否经得起实践的检验、是否适合企业管理的现实都存在一个甄别的过程，而会计理论判断就是一个甄别的有力武器。会计理论判断采取一定的方法和手段，对各种会计认识进行思辨，淘汰落后的会计理论，同时发展新的会计理论。

### 5.4.3 会计理论判断的方法

**1. 理论法**

所谓理论法是指以经实践证明为真的相关理论为断定的标准，对某种会计认识进行断定的方法。

比如，对会计本质的断定，在人类认识会计本质的过程中存在诸多观点，如技术论、艺术论、管理活动论、信息系统论等，这就需要根据已有的、经实践证明为真的相关理论为断定的标准，对上述会计本质的诸多认识进行断定。

**2. 事实法**

所谓事实法是指根据客观存在的实际情况对某种会计认识进行断定的方法。

比如，对会计学的断定，通过对会计学科有特定的研究对象、特定的方法、特定的理论体系的事实的认定而理性地断定会计学科是一个独立的经济管理学科。

**3. 逻辑法**

所谓逻辑法是指根据相关的逻辑理论知识对某种会计认识进行断定的方法，通常是通过对相关会计概念的本质属性的逻辑推演而实现的。

比如，通过对资产概念的本质属性的认识和推演，进而断定商誉也是一种资产。

再比如，我们可采用分类的方法对现有会计概念进行深入理解。根据逻辑理论，对某一概念进行分类研究是加深对该概念理解的一个有效方法，即按照一个特定的标准对其外延进行适当的划分，在属概念的基础之上求得种概念，逐步加深对该概念的理解。

**4. 比较法**

所谓比较法是指通过对两个或两个以上客观会计事物进行对比研究而抽象出理性认识的方法。

比如，在财务会计中就有会计目标和会计任务是否一致的理论判断。

在此，特别要指出的是，在实际的会计理论判断中往往要综合运用各种方法，针对不同的会计理论判断的要求采用适合的会计判断方法。

### 5.4.4 会计理论判断的内容：以企业会计准则为例

从会计判断是会计人员的一种能动性的思维方式的角度看，会计理论判断的主观性彰显无遗。因此，基于会计理论判断的思辨性，会计理论判断的内容范围非常广泛，它几乎涉及会计领域的方方面面，但会计理论判断与会计职业判断的明显区别在于：会计理论判断更关注于从一种客观、可验证性的角度对会计领域中的某一会计命题的真假对错、价值取向等进行判定。其程序主要包括：①发现问题；②寻找证据；③采用适当的方法进行判断。

笔者选择以 2006 年颁布的新会计准则体系为例，试图对新会计准则的价值取向作一个理论上的断定，即判断新会计准则的理论内涵中是以什么为价值导向的。

在这里笔者主要采取比较法，即对新旧会计准则进行对比，期望从新旧会计准则的变化和演变中合理抽象出一些理性的判断，这个过程实质上也是会计理论判断的一个体现。

2006 年颁布的企业会计准则是一个由基本准则和具体准则组成的体系。其中，基本准则起到统驭性和纲领性的作用，因此以基本准则为分析的起点将有利于正本清源。

**1. 基本准则的价值取向**

首先，从基本准则的框架上讲，新准则的“新”表现为：增加了“会计计量”章节，变“一般原则”为“会计信息质量要求”。因此可以说，新准则更注重财务会计概念框架的整体协调，其章节的叙述严格按照目标→原则→会计信息质量要求→确认（会计对象要素①）→计量→报告的逻辑推演次序而展开，从逻辑一贯性的角度看，新准则更加注重逻辑的一贯性和继起性。

其次，从内容上分析，其变化主要为：①增加了会计目标的内容，即新增财务会计报告应该“有助于财务会计报告使用者作出经济决策”。可见，会计目标的导向是在履行受托责任导向的基础之上，针对会计环境的变化，为继续保持会计这门经济管理学科的核心竞争力而提出的“决策有用性”。这个理念的转变将直接影响整个财务会计的原则、信息质量要求以及确认、计量、记录和报告的各个环节，因为逻辑推演的起点（即会计目标）发生了变化。②会计原则的变化。针对会计目标的演变，会计原则中合理地增加了实质重于形式的原则，这主要是为了提高会计信息的相关性。③会计对象要素的修订。同样地，在新准则中对资产、负债、所有者权益、收入、费用的定义进行了修改，新增了利得和损失的概念。从变化中可以看出，新准则更注重对会计要素对象定义的规范性，从逻辑学的角度看，其符合了形式逻辑对概念定义的要求，对各种会计要素的本质特征的表述更加规范。

最后，从会计计量和报告的环节看，特别在“会计计量”一章中变化很多。该章中首次界定了历史成本、重置成本、可变现净值、现值和公允价值五种计量属性。

综合上述变化，用会计理论判断的对比方法，我们可以判定的是：①在财务报告目标方面，新准则强化了会计信息决策有用性的要求，更着眼于社会经济资源的配置效率，同时兼顾国家、债权人等会计信息使用者的特定要求，这样将提高投资、信贷决策以及国家宏观调控的有效性，建立一种有利于减轻信息不对称的财务信息制度，为社会主义市场经济的长足发展夯实了一项基础性工作。②在计量、确认和报告环节，新准则更注重资产负债表对企业财务状况的真实反映。在采取公允价值的计量属性的基础上，企业的资产、负债等方面的信息更具有相关性。③新准则更注重逻辑的前后一致性，无论从定义表述、结构设计、文字表述上都比旧准则要规范，其实质上起到了一个财务会计概念

---

① 新准则中，虽然没有提及会计确认，但对资产等会计对象要素的表述实际上给出了会计确认的依据。

框架的作用。

**2. 具体准则的价值取向**

基于基本准则价值取向的转变，在具体准则中该方面变化更为凸显。在资产减值、非货币性资产交换、企业合并、长期股权投资、金融工具确认和计量等准则中，财务目标的决策有用性与会计信息相关性的要求得以贯彻；在对无形资产的资本化和费用化的甄别上，又不失时机地体现出崇尚和鼓励技术创新、支持科研的兴国战略；在资产的确认和计量上，首次规定将资产的弃置费用资本化，其实质上是对企业利润的一种“绿色”修正，是一种稳健性会计原则的具体表现；规范金融工具的确认、计量和报告，将原先的表外项目表内化，其实质是更注重企业风险的揭示，期望更能将企业的真实一面揭示和披露给会计信息使用者。

# 第6章 会计推理：会计概念、会计判断的必然延伸

## 6.1 会计推理的涵义和类型

### 6.1.1 推理和会计推理的定义

**1. 推理的定义及要素**

按照经典逻辑学的定义，推理是指从一个或几个已知的判断推演出一个新的判断的思维形式。从该定义看，推理的实质是一个过程，即根据现有的知识和经验，按照一定的逻辑方法推演出一个新的判断，是一个单个判断深化的一种形式，是已知判断到新判断的过程。比如①：

**例6.1** 市场经济是以市场为基础资源配置方式的经济形态。

所以，不以市场为基础资源配置方式的经济形态不是市场经济。

上述逻辑形式就是一个推理。按照逻辑学的逻辑形式，一个标准的推理通常包括前提、推理联项和结论三个要素，其中前提是指推理中的已知判断，如上例中的“市场经济是以市场为基础资源配置方式的经济形态”；结论是指由前提推导出的新判断，如上例中的“不以市场为基础资源配置方式的经济形态不是市场经济”；推理联项是指联结推理前提和结论的词项，如上例中的“所以”。简单地讲，其逻辑形式就是：因为前提存在，所以结论存在。

**2. 会计推理的涵义**

会计推理是“会计”和“推理”的复合词，因此可以定义为：会计推理是

① 在本章中，为突出会计推理的结构和层次，例子采用各部分单独一行的行文格式，下同。

指由一个已知的会计判断推演出一个新的会计判断的过程。比如：

**例 6.2**　资产是企业过去的交易或者事项形成的、由企业拥有或者控制的、预期会给企业带来经济利益的资源。

所以，非企业拥有或者控制的资源不是企业的资产。

与一般的推理不同的是，会计推理主要专注于会计领域，更富于会计专业性。与一般的推理相似的是，一个完整的会计推理也包括会计推理前提、会计推理结论和会计推理联项。

### 6.1.2 会计推理：是会计人员思维方式的飞跃

会计推理和会计概念、会计判断一样是会计人员的特定思维方式。厘清它们之间的逻辑地位将有助于加深对不同逻辑形式的理解。从思维形式上讲，会计概念的逻辑任务是揭示或界定会计事物本质属性，具有求证客观会计事物区别于其他会计事物的特征。会计判断的逻辑任务是在现有相关会计概念本质属性或特征的基础之上，对客观会计事物的性质进行断定。可见，会计判断是会计概念矛盾运动的必然，是客观会计事物的普遍联系和相互影响反映在人的思维上的必然发展。

相应地，从逻辑形式上讲，会计推理是在现有已知会计判断的基础之上，运用相关的逻辑法则和方法推演出新会计判断的过程，这一看似简单的过程实质上是会计人员思维方式的一种飞跃。其主要表现为：①会计推理将极大地提高会计判断的效率。在现有已知会计判断的基础之上，将省略或简化新会计判断的断定过程，使得新会计判断的效率更高。当然，这一切是建立在已知会计判断为真的基础之上。②会计推理是判断的分化和发展。由一个已知的判断，通过一定的逻辑规则和方法的推演，使一个新的主词和一个新的宾词发生新的联项下的关系，本身就是一个已知会计判断的分化和发展。③会计推理是对客观会计事物属性的更深入判断。由会计概念的本质属性到会计判断的断定再到会计推理的出现，其实质还是对客观会计事物属性的探索，只不过探索的程度逐步加深。

### 6.1.3 会计推理的类型和有效性

#### 1. 会计推理的类型

（1）按照思维进程方向

按照思维进程方向的不同，会计推理可分为会计演绎推理、会计归纳推理和会计类比推理。其中，会计演绎推理的思维进程是从普遍到特殊（或个别），即由普遍会计事物推导出个别会计事物。与会计演绎推理相反，会计归纳推理是从特殊到普遍的思维进程。会计类比推理则是从一类对象的已知性质或关系，推出另一类对象可能具有对应的性质或关系的思维进程。

（2）按照推理中前提的多寡

按照前提的多少，会计推理可分为直接会计推理和间接会计推理两种，前者是指以一个已知判断作为前提的推理，后者是指以两个或两个以上已知判断作为前提的推理。

（3）按照前提和结论之间的关系

按照前提和结论之间是否有蕴含关系，会计推理可分为必然性会计推理和或然性会计推理。其中，必然性会计推理的前提蕴含结论，即前提大于或等于结论，这种推理的特征为只要前提为真，那么结论也一定为真。会计演绎推理和完全归纳会计推理就是必然性会计推理。

或然性会计推理是指前提并不蕴含结论，即前提小于结论。这种推理如果前提为真，其结论只能是可能为真。比如，不完全归纳会计推理和会计类比推理就是或然性会计推理。由于研究人员占有资料和理论素养的局限性，在会计研究工作中，或然性会计推理的比例较大，这应该引起我们高度的重视。

上述划分是分别按照一个标准所进行的分类，为清晰地给出会计推理的全貌，可对会计推理进行下述连续划分：见图 6.1。下文中，将选取常见的几种形式进行分析。

#### 2. 会计推理的有效性

从逻辑上讲，一个会计推理是否正确、成立进而合乎逻辑是有一定的条件的。从形式逻辑的角度讲，要符合一定的形式要求；从辩证逻辑的角度讲，要求其内容正确。所以，综合上述形式和内容的要求，一个有效的会计推理应该是形式合规、内容正确的推理。也就是说，会计推理的有效性实质上包括两个不可分割的方面，即形式有效性和内容有效性，任何一方面偏废都不是有效的会计推理。

进一步讲，形式有效性要求在推理过程中要遵循逻辑学的相关理论，遵守概念、判断以及推理的逻辑规则①。内容有效性要求推理中的前提和结论要符合会计理论的要求，是正确的会计判断。

有必要特别指出的是：本书对这方面进行研究时，是以形式有效性为主线，并结合内容有效性来进行的。

- 会计推理
  - 必然性会计推理
    - 会计演绎推理
      - 非模态演绎会计推理
        - 简单判断会计推理
          - 性质判断会计推理
            - 直接性质会计推理
            - 间接性质会计推理
          - 关系判断会计推理
            - 直接关系会计推理
            - 混合关系会计推理（三段论）
            - 间接关系会计推理
        - 复合判断会计推理
          - 联言会计推理
          - 选言会计推理
          - 假言会计推理
          - 负判断会计推理
      - 模态演绎会计推理
        - 真值模态会计推理
        - 规范模态会计推理
    - 完全归纳会计推理
  - 或然性会计推理
    - 不完全归纳会计推理
      - 简单枚举归纳会计推理
      - 科学归纳会计推理
    - 会计类比推理

图 6.1　会计推理的划分

（资料来源：作者整理）

① 推理的逻辑规则将在下文中介绍。

# 6.2 会计演绎推理之一：　会计三段论

会计演绎推理是指从一般会计判断推演到特殊会计判断的思维形式，即从一般到特殊的会计推理方式。

实际上，根据图6.1对会计推理的连续划分，会计演绎推理包括直接性质会计推理、间接性质会计推理、直接关系会计推理、混合关系会计推理（三段论）、间接关系会计推理、联言会计推理、选言会计推理、假言会计推理、负判断会计推理、真值模态会计推理和规范模态会计推理11个下属的种概念类型。其中第1、2种属于性质判断会计推理，第3、4、5种属于关系判断会计推理，第6、7、8、9属于复合判断会计推理，上述第1到第9种属于非模态演绎会计推理，第10、11种属于模态演绎会计推理。

根据会计学科的特性以及在会计实践中推理的应用情况，笔者选择三段论会计推理和复合判断会计推理作为研究的重点。

## 6.2.1 会计三段论：定义和结构

### 1. 三段论和会计三段论的定义

三段论是逻辑理论中重要的一种推理形式。它是指由两个包含共同项的性质判断推出一个新的性质判断的推理。比如：

**例**6.3　科学都是有用的。

会计学是一门科学。

所以，会计学是有用的。

从其结构上讲，任何一个三段论都是由三个性质判断构成的。其中，两个是前提，一个是结论。比如，在上例中，“科学都是有用的”和“会计学是一门科学”是前提，而“所以，会计学是有用的”就是结论。

实际上，如果将前提和结论中的主项和谓项统称为“项”，那么任何一个三段论都包括并且只包括三个不同的项。即同一个三段论中每个项都各出现两次。这三个项分别为：①中项是指两个前提中共有的项，可用字母“M”表示。中项只在前提中出现两次，不出现在结论中，比如在上例中的“科学”就是该三段论的中项。②小项即结论中的主项，用字母“S”表示。小项只在前提和结论中各出现一次，比如在上例中的“会计学”。③大项即结论中的谓项，用字母“P”表示。大项只在前提和结论中各出现一次，如上例中的“有用的”。

有必要指出的是：大项和小项都是在前提和结论中各出现一次，其区别在于：小项在结论中充当主项，大项在结论中充当谓项。也就是说，一个三段论的大项和小项是通过结论的主项和谓项来确定。因此，为区别两个前提，一般将含有大项的前提称为大前提，将包含有小项的前提称为小前提。

**2. 会计三段论**

会计三段论是“会计”和“三段论”的复合词，因此会计三段论可定义为：由两个包含共同项的性质会计判断推出一个新的性质会计判断的推理。

理解该概念要注意的是：会计三段论的大前提、小前提和结论都是性质会计判断。比如：

**例 6.4**　负债是企业的现时义务。
应付工资是企业的负债。
所以，应付工资是企业的现时义务。

在上述判断中，应付工资为小项，现时义务为大项，负债为中项。同时，可以断定：“负债是企业的现时义务”是大前提，“应付工资是企业的负债”为小前提，“应付工资是企业的现时义务”是结论。

## 6.2.2 会计三段论的规则

在前文中，已经初步探讨了会计推理的有效性问题。实际上，会计三段论作为一种特殊的会计推理形式也有一个有效性的问题，这就是会计三段论的规则。

**1. 一个会计三段论，有且只能有三个不同的项**

该规则是一个会计三段论成立的必备条件。这是因为，会计三段论借助中项为推演的媒介，是大项和小项发生逻辑关系进而推出结论的思维方式。

可以想象的是：如果只有两个不同的项，这二者之间就没有了联系的媒介，是不可能推出任何结论的。进一步讲，如果存在超过三个不同的项，那么必然就会存在如下的混乱情况：大项和一个项存在关系，小项和另外一个项存在关系，大、小项之间还是没有任何推演的媒介存在。比如：

**例 6.5** 应收账款是资产。

应付账款是负债。

所以……

也就是说，在上例中，应收账款和应付账款分别和资产和负债发生关系，但实质上资产和负债是两个不同的项①，是不能借助资产抑或负债作为推演的媒介的。

这种逻辑的错误在逻辑学上被称为“三段论的四项”错误。

在此，要重申的是，在会计三段论中要特别注意中项所代表的会计概念的确指性和单义性，防止出现“概念偷换”而变相出现的“三段论的四项”错误。比如：

**例 6.6** 资产减值损失不能在以后会计期间转回。

存货跌价准备是一种资产减值损失。

所以，存货跌价准备不能在以后会计期间转回。

以下分析之：

首先，从形式上，“存货跌价准备”为小项，“不能在以后会计期间转回”为大项，“资产减值损失”为中项，符合会计三段论的“有且只能有三个不同的项”的规则要求。

其次，分析大小前提的内容有效性，即在会计理论和会计规范上分析其是

① 有必要指出的是：这里所讨论的主要是会计三段论的形式有效性。进一步讲，如果加入内容有效性，或许该三段论是可以推演的。实际上，从经济实质上讲，负债就是负资产，是需要用资产来清偿的现时义务，所以该三段论反而可以合理推出：应收账款可以清偿应付账款。

否正确。

大前提："存货跌价准备是一种资产减值损失。"

根据我国 2006 年颁布的《企业会计准则第 1 号——存货》第十五条规定："资产负债表日，存货应当按照成本与可变现净值孰低计量。存货成本高于其可变现净值的，应当计提存货跌价准备，计入当期损益。"

显然，按照该条款的规定，存货作为一种资产，其跌价准备是一种减值损失。这点在《企业会计准则第 8 号——资产减值》中也得到了验证。该准则第三条中就明确指出："存货的减值，适用《企业会计准则第 1 号——存货》。"因此，可以断定"存货跌价准备是一种资产减值损失"是一个正确的会计判断。

小前提："资产减值损失不能在以后会计期间转回。"

根据《企业会计准则第 8 号——资产减值》第十七条规定："资产减值损失一经确认，在以后会计期间不得转回。"小前提无疑也是一个正确的会计判断。

综上，大、小前提都是一个真的会计判断。

最后，结论的真伪。对于结论，熟悉《企业会计准则第 1 号——存货》的会计专业人士一眼就可以看出是错误的。按照该准则第十九条的规定："资产负债表日，企业应当确定存货的可变现净值。以前减记存货价值的影响因素已经消失的，减记的金额应当予以恢复，并在原已计提的存货跌价准备金额内转回，转回的金额计入当期损益。"这实质上表明存货跌价准备是可以有条件转回的。

这样就引出了一个问题，即该三段论在形式上是没有瑕疵的，大、小前提也为真，其"症结"何在？

实际上，该问题的核心在于：在该三段论中，中项"资产减值损失"并不是一个确指性和单一性的概念，至少在现行的会计准则体系中它不是一个标准化的会计术语，所以才出现上述歧义。这点通过《企业会计准则第 8 号——资产减值》第三条就可以看出：

第 8 号准则的第三条为"下列各项适用其他相关会计准则：（一）存货的

减值，适用《企业会计准则第 1 号——存货》”。也就是说，第 8 号准则规范的资产减值并不包括存货资产减值准备，这个三段论实质上是通过“概念偷换”来进行大、小项之间的逻辑联系，显然是犯了一个“三段论的四项”错误。

从会计术语的确指性和单一性角度讲，准则在术语的使用方面并没有给予足够的重视，至少在语言表达上未将第 8 号准则规范的资产减值的范围进行特指，而“粗放”地将第 8 号命名为“资产减值”，这就极易引起歧义，至少极易对不熟悉企业会计准则的非专业人士产生一定的误导性①。

比如，存货、投资性房地产都是资产，既然是“资产减值”准则，那么就应该适用该准则。用三段论的语言表示的话就是：

**例 6.7** 存货是资产。

资产是适用《资产减值》准则的。

所以，存货是适用《资产减值》准则的。

进一步，还有如下三段论：

**例 6.8** 根据《资产减值》准则，资产减值损失不能在以后会计期间转回。

存货是适用《资产减值》准则的。

所以，存货的减值损失不能在以后会计期间转回。

因此，这就启发我们：在一个会计三段论中，遵照“有且只能有三个不同的项”的逻辑规则不仅仅要从形式上断定，还要从内容上进行判断。

**2. 中项在前提中至少要周延一次**

所谓周延是指：一个会计判断的主词（或者谓词）所包括的全部外延。如：“所有的物体都是运动的”这个判断中，主词（物体）是周延的，因为它说的是所有的物体。

中项在前提中至少要周延一次，是指中项的全部外延至少有一次被断定，并以此同大项或者小项发生关系。只有这样，才能借助中项的媒介作用来确定大、小项之间的关系，从而推导出结论。

---

① 在一些不太严谨的会计论文中，笔者就多次见到“资产减值损失不得转回”的判断。从理论上讲，其实是不对的。在尚没有规范会计术语的情况下，应该对其限定。比如“适用第 8 号具体准则的资产减值损失不得转回”。所以，这也从一个侧面证明了对会计术语进行研究的重要性。

反之，如果中项一次也不周延，即中项在前提中没有一次以全部外延分别和大、小项发生关系，那么中项就起不到联结大、小项的媒介作用。因此，大、小项之间的关系就无法确定，也就不能必然地推出结论。

在逻辑学中，如果违反了这条规则，就称之为“中项不周延”的逻辑错误。比如：

**例 6.9**　无形资产是企业的资产。

现金是企业的资产。

所以，无形资产是现金。

在上例中，企业的资产是中项，是它联系着大项“无形资产”和小项“现金”，但该中项在大、小前提中都没周延，即“企业的资产”在大、小前提中都不是以全部外延的方式和“无形资产”和“现金”发生联系，因此，该三段论就不是一个形式上有效的三段论，也就是说它推导的结论是一个错误的结论，其原因就在于犯了“中项不周延”的逻辑错误。

**3. 在前提中不周延的项，在结论中也不得周延**

这条规则的意义为：如果大项或者小项在前提中不周延，即仅断定了大项或小项的部分外延而不是全部外延，那么，在结论中也只能对该部分外延进行相应的断定。如果在结论中不恰当地对大项或小项的全部外延进行了断定，则是对断定范围的扩大。对于必然性演绎推理而言，结论是蕴含在前提之中的，这样就不会推出真的结论。

在逻辑学中，把这种不恰当的逻辑错误称之为“大项或小项的不当周延”。比如：

**例 6.10**　投资性房地产是指企业为赚取租金或资本增值，或两者兼有而持有的房地产。

投资性房地产是企业的资产。

所以，企业的资产是指企业为赚取租金或资本增值，或两者兼有而持有的房地产。

在上例中，小项为“企业的资产”，在小前提“投资性房地产是企业的资产”中是谓项，是不周延的。但是在结论中为主项，是周延的。实际上，是犯了“小项的不当周延”的逻辑错误，所以，该三段论是一个无效的三段论。再比如：

**例** 6.11　商誉是无形资产。

专用权不是商誉。

所以，专利权不是无形资产。

在上例中，“无形资产”为大项，在大前提“商誉是无形资产”中是谓项，是不周延的。但在结论中是否定会计判断的谓项，是周延的。这就违反了规则，犯了“大项的不当周延”的逻辑错误。

**4. 从两个否定的前提中不能得出结论**

如果大、小前提都是否定的性质会计判断，那么，这意味着中项和大、小项的相应部分都是互相排斥的。这样，中项起不到联系大小项的作用，因此不能得出任何结论。比如：

**例** 6.12　或有负债不是企业的现时义务。

固定资产不是或有负债。

所以，固定资产……

在上例中，或有负债在两个前提中和“固定资产”和“现时义务”都互相排斥，所以得不出任何结论。

**5. 两个前提中当且仅当有一个是否定的，则结论是否定的**

在会计三段论中，两个前提中若有一个是否定的，则由上述规则4可知，另一个一定是肯定的。否定的前提中断定中项和一个项在外延上是排斥的，而肯定的前提中断定中项和另外一个项在外延上相容的，因此，其结论只能断定这两个项在外延上是相互排斥的，而绝对不能是相容的。即在两个前提中当且仅当有一个是否定的，则结论一定是否定的。比如：

**例** 6.13　无形性是无形资产的特性。

固定资产不是无形资产。

所以，固定资产不具有无形性。

**6. 从两个特称前提中不能得出结论**

如果三段论的两个前提都是特称判断，又可细分为特称肯定会计判断（I）

和特称否定会计判断（O）两种类型，那么两个前提的组合如表 6.1：

表 6.1　特称前提组合

| 大前提＼小前提 | 特称肯定（I） | 特称否定（O） |
|---|---|---|
| 特称肯定（I） | I　I | I　O |
| 特称否定（O） | I　O | O　O |

（资料来源：作者整理）

以下分析不同的组合的结论情况：①II 型，该类型的特点为大、小前提都为特称肯定判断，而特称肯定判断的主谓项都不周延，由此可以断定，中项在前提中两次都不周延。根据“中项在前提中至少周延一次”的规则，该类型是不能得出结论的。②OO 型，该类型的特点是大、小前提都是特称否定判断。根据“两个否定的前提不能得出结论”的规则，该类型不能得出结论。③IO 或者 OI 型，即两个前提中有一个是否定的，根据“两个前提中当且仅当有一个是否定的，则结论是否定的”的规则，结论是否定的；而结论否定，结论中的大项是周延的。根据“在前提中不周延的项，在结论中也不得周延”的规则，要求在前提中的大项也必须周延。根据“中项在前提中至少要周延一次”的规则，中项在前提中至少应周延一次，这样就要求前提中至少要有两个周延的项，即大项和中项。但是，在这两个前提中，只有一个周延的项，即特称否定判断的谓项。如将这个唯一周延的项给大项，则会出现“中项不周延”进而不能推出结论；如将这唯一周延的项给中项，则会出现“大项的不当周延”进而也不能推出结论。综上，两个特称前提是不能推导出结论的。

**7. 两个前提中如果有一个是特称的，则结论是特称的**

如果一个会计三段论的两个前提中有一个是特称的，那么，根据“从两个特称前提中不能得出结论”的规则，要保证三段论的有效性就必须保证另外一个前提一定是全称判断，则大、小前提的组合见表 6.2：

表 6.2　特称、全称前提组合

| 一前提 / 另一前提 | 特称肯定（I） | 特称否定（O） |
|---|---|---|
| 全称肯定（A） | A　I | A　O |
| 全称否定（E） | E　I | E　O |

（资料来源：作者整理）

以下分析不同的组合的结论情况：①AI 型。该类型两个前提都是肯定的，且一个全称、一个特称。因此，前提中只有全称判断的主项是周延的，其余三个项都不是周延的。根据“中项在前提中至少周延一次”的规则，这个周延的项就是中项，而其余三个项中有一个是小项，必是不周延的。根据“前提中不周延的项，在结论中也不得周延”的规则，这个小项在结论中也不得周延，因此，该会计三段论的结论为特称的。②AO 或 EI 型。这两个前提中一个肯定、一个否定，且一个全称、一个特称。因此，前提中一共有两个周延的项。根据“两个前提中当且仅当有一个是否定的，则结论是否定的”的规则，结论必然是否定的，结论中的大项周延。根据“前提中不周延的项，在结论中也不得周延”的规则，前提中大项必须周延，否则就会犯“大项的不当周延”的逻辑错误；又根据“中项在前提中至少要周延一次”的规则，中项在前提中至少周延一次，否则就犯了“中项不周延”的逻辑错误。这样，前提中两个周延项，一个给大项，一个给中项。因此，小项在前提中必然不周延，根据“在前提中不周延的项，在结论中也不得周延”的规则，小项在结论中不得周延，否则就犯“小项的不当周延”之逻辑错误，因此，结论必是特称的。③EO 型。该类型两个前提都是否定的，且一个全称、一个特称。根据“从两个否定的前提中不能得出结论”的规则，该组合无法得出任何结论。综合上述几方面分析，两个前提中如果有一个是特称的，则结论必然是特称的。

有必要指出的是：这七条规则中，前三条是关于项的规则，第 4、5 条是关于前提的规则，第 6、7 条是关于前提和结论的规则。

### 6.2.3 会计三段论的语言表达方式

首先，要指出的是研究会计三段论之语言表达方式的意义。正如在会计概念的语言表达上有会计术语标准化的考虑，会计三段论的语言表达也有一定的规律。在日常的会计实践中，特别在会计研究活动中，一个恰当的语言表达方式可以使思维表达更突出、更含蓄、更生动，进一步讲，还可以提高会计三段论的推理说服力。

其次，从逻辑学的理论来讲，标准的会计三段论都是按照大前提、小前提和结论的次序排列的。在某些特定的情况下，为了突出某个重点，比如前提或者结论，可以进行适当的调整。具体而言，可以按照小前提、大前提、结论，或者结论、小前提、大前提的次序来进行。

最后，会计三段论要注意语言的简洁性。在会计实践中，会计三段论的运用表现为一段文字的表述。所以，在具体的上下文中可以根据实际情况进行适当的省略或删节，进而提高会计三段论的可读性和流畅度。

## 6.3 会计演绎推理之二：复合判断会计推理

根据上文中对会计演绎推理的划分，复合判断会计推理分为联言会计推理、选言会计推理、假言会计推理和负判断会计推理四种。以下就常见的前三者进行分别讨论。

### 6.3.1 联言会计推理

所谓联言会计推理是指前提或者结论是联言会计判断，并且根据联言会计判断联言肢之间的合取关系而推出结论的演绎推理。

从该定义可以看出：联言会计推理要求前提或者结论至少有一个为联言会计判断。根据联言会计判断在具体的联言会计推理中充当的位置不同，可将联言会计推理分为分解式、合成式和交换式联言推理。

**1. 联言会计推理的分解式**

联言会计推理的分解式的主要特征是：其前提是一个联言会计判断，而其结论是该联言会计判断中任何一个肢判断。比如：

**例** 6.14　提高企业利润既要增加收入，又要控制费用。

所以，提高企业利润要努力增加收入。

实际上，如果以 P、Q 代表联言会计判断的肢判断的话，其逻辑形式可以归为：P 并且 Q，所以，P 或 Q。

**2. 联言会计推理的合成式**

联言会计推理的合成式的主要特征是：它的结论是一个联言会计判断，而各个前提是该联言会计判断的各个肢判断。比如：

**例** 6.15　按照新会计准则，金融工具的计量可采用公允价值。

按照新会计准则，投资性房地产的计量可采用公允价值。

按照新会计准则，非共同控制下企业合并的计量可采用公允价值。

所以，按照新会计准则，金融工具、投资性房地产、非共同控制下企业合并的计量可采用公允价值。

**3. 联言会计推理的交换式**

联言会计推理的交换式的主要特征是：它的前提是一个联言会计判断，而结论把这个联言会计判断的两个肢判断交换了位置。这是一个逻辑含量较少的联言推理形式，比如：

**例** 6.16　按照新会计准则，金融工具和投资性房地产的计量可采用公允价值。

所以，按照新会计准则，投资性房地产和金融工具的计量可采用公允价值。

## 6.3.2　选言会计推理

选言会计推理是前提中有一个是选言会计判断，并根据选言会计判断的逻辑性质进行推演的会计推理。按照选言会计判断中选言子判断的关系，可以将其分为相容选言会计推理和不相容选言会计推理。

**1. 相容选言会计推理**

相容选言会计推理的特征在于：前提中有一个相容的选言会计判断。其规则是：只能通过否定一部分子判断来肯定另一部分子判断。比如：

**例 6.17**　2007 年度上市公司利润大幅增长可能是企业的收入大增，可能是企业费用控制能力增强，也可能是适用新企业会计准则受益。

该企业利润增长不是因为收入大增，也不是因为企业费用控制能力的增强。

所以，该企业的利润增长是因为适用新企业会计准则受益。

**2. 不相容选言会计推理**

不相容选言会计推理的逻辑特征在于：前提中有一个不相容的选言会计判断。其规则是：不能同时肯定或否定，即，只能肯定一个子判断，而否定另一个子判断。比如：

**例 6.18**　按照企业会计准则的规定，企业可以选择先进先出法或加权平均法对存货进行核算。

该企业选择了先进先出法对存货进行核算。

所以，该企业不能选择加权平均法对存货进行核算。

再比如：

**例 6.19**　企业销售毛利率降低的原因，可能是产品价格降低，也可能是销售费用加大。

该企业的销售费用没有加大。

所以，该企业销售毛利率降低的原因是产品价格降低。

## 6.3.3　假言会计推理

假言会计推理就是前提中有一个假言会计判断，并且根据假言会计判断的前后件之间的条件性质进行推理的会计推理。按照前提中的假言会计判断的类型，假言会计判断可以分为：

**1. 充分条件假言会计推理**

充分条件假言会计推理是前提中有一个充分条件假言会计判断，并根据该判断的充分条件性质进行推理的假言会计推理。比如：

**例 6.20** 假如，企业租赁的资产在期限届满后所有权转移给承租人。那么，就应该认定为融资租赁。

企业 S 的租赁资产在期满后由企业 S 获得所有权。

所以，此资产租赁为融资租赁。

**2. 必要条件假言会计推理**

必要条件假言会计推理是前提中有一个必要条件的假言会计判断，并根据该判断的必要条件性质进行推演的假言会计推理。比如：

**例 6.21** 只有迅速提高企业产品的毛利率，才能使企业的销售利润大幅提高。

企业 A 的产品毛利率没有提高。

所以，企业 A 的销售利润没有大幅提高。

**3. 充分必要条件假言会计推理**

充分必要条件假言会计推理是前提中有一个充分必要条件假言会计判断，并根据该判断的充分必要条件性质进行推演的假言会计推理。比如：

**例 6.22** 由企业控制或拥有的资源满足了可定义性和可计量性，才是企业的资产。

企业 B 购进的固定资产满足可定义性和可计量性。

所以，该固定资产是企业的资产。

## 6.4 会计归纳推理

### 6.4.1 会计归纳推理的实质

按照逻辑学的理论知识，会计归纳推理就是以已有的特殊会计判断为前提推出一般会计判断的会计推理。和会计演绎推理相反，其推演的路线是从特殊到一般。也就是说，这种认识客观会计事物的思维特征是一种对特殊的再抽象过程。因此，按照对客观会计事物考察的范围大小不同，会计归纳推理分为完全归纳会计推理和不完全归纳会计推理两种。其中，完全归纳会计推理是指对所属客观会计事物进行无一遗漏的考察后而进行的会计推理，而后者考察的范围就相对较小，只对一部分或主要的几类进行考察后进行会计推理。所以，从这层意义上讲，这两者又可称之为必然性会计归纳推理和或然性会计归纳推理。其中，在推理符合逻辑规则的前提下，前者推出必然性结论，而后者推出或然性结论，即会计结论和前提之间不存在必然的联系。

在这里不得不指出的是：由于人们认识事物的范围、空间和认知的有限性，对所有客观会计事物的认识很难做到认识范围的无一遗漏。所以，在很多会计认识的领域，对客观会计事物的认识只能是说是阶段性的、局部的，但这并不能否认或然性会计归纳推理的学术和实践价值。实际上，在诸多新兴会计领域和高深会计领域，理论和实践的探索一刻也离不开或然性会计归纳推理的运用。所以，在本书的分析中，将分析的重点放在或然性会计归纳推理上是较恰当的。

我们已知，或然性会计归纳推理的特征在于其会计前提和会计结论不存在必然性的联系，这实际上就存在一种很重要的度量问题：可能的必然性程度（即或然性有多大或者称其为概率性）。可以说这才是关注或然性会计归纳会计推理的重点所在。

## 6.5 会计归纳推理和会计演绎推理的关系

会计归纳推理和会计演绎推理之间呈现一种既有联系又有区别的关系，其联系主要表现在：

第一，在未被证伪的条件下，会计归纳推理的结论可以为会计演绎推理提供前提。从逻辑认识路径上讲，会计演绎推理是一个由普遍性会计判断推出特殊性会计判断的过程，其前提是普遍性会计判断，是一个全称会计判断。而会计归纳推理是从特殊性会计判断推出普遍性会计判断的一种逻辑推演，在其或然性结论尚未被证伪的条件下，可以作为会计演绎推理的大前提来使用。可以想象的是：如果没有会计归纳推理所给出的普遍性会计判断作为会计演绎推理的大前提，那么会计演绎推理的功用将大为逊色。

第二，会计归纳推理也在一定的程度上依赖会计演绎推理。实际上，会计演绎推理为会计归纳推理提供了以普遍性、一般性的知识体系来分析个别、特殊现象的方法，对会计归纳推理起指导作用。

第三，双方互为检验。会计演绎推理和会计归纳推理的结论与前提是否为真，都可以在对方的逻辑推演体系中进行检验。

## 6.6 一个会计推理的例子：会计信息的均衡研究

为进一步说明、分析会计推理在会计研究和会计实务中的运用①，笔者选择了自己公开发表的一篇文章作为分析的样本②，期望通过分析给出一个形式或程序上的范式。

同时，为了行文的方便和有效区分原文和分析的文字说明，在文体格式上做出如下规定：首先，顺序给出原文并以【原文】进行标示。其次，对该原文中需要分析的地方通过“带字母序号加下划线的方式”予以标示，并紧接着在相应的自然段之后，将分析的文字说明以【标注】给出。最后，为区别起见，已经发表的原文采用宋体字体，标注则采用楷体字体：

① 实际上，概念、判断和推理是一个一脉相承的逻辑思维方式，所以，在分析时并不只局限于推理。

② 代金宏，曹彦栋．会计信息的需求：一个建议［J］．当代财经，2006，(07)：116－118.

## 会计信息的需求：一个建议

**【原文 1】**

一、问题的提出

A 会计信息具有一定的经济后果性（Zeff，1978），所以作为理性的经济人，企业（除特别指出外均指上市公司，下同）的利益相关者都关注会计信息。利益相关者期望能获得相关、可靠的对决策有用的会计信息，来实现自身效用的最大化。也就是说在这种动机的驱使下才产生了对会计信息的需求，于是利益相关者也就成了会计信息的需求主体。但是在这里，B 人们往往忽视的逻辑链是：决策目标不同、禀赋不同、认知水平不同、对风险态度不同等因素存在→引起信息需求差异→需求主体因禀赋差异引发不同的满足方式→如何因势利导地培育使之成为真正的会计信息市场主体→形成良性循环改进会计信息的供给，提高企业财务报告呈报和披露的质量→实现财务会计决策有用性的目标。本文欲根据这条逻辑主线对会计信息的需求做一个系统的阐述，以求抛砖引玉。

**【标注 1】**

A：

1. 文章的开头是一个典型的会计判断，即断定“会计信息具有一定的经济后果性”。
2. 这段话实际上是如下会计三段论的简略形式，即：

   会计信息具有一定的经济后果性。

   企业的利益相关者是理性的经济人，关注自己经济后果。

   所以，企业的利益相关者都关注会计信息。

B：

实际给出的是一个层层推进的会计论证思路：即从一个会计判断出发，推出另一个会计判断……下一个会计判断又建立在前阶段的基础之上，从而递进地证明“一个建议”的正确性。有关会计论证的详细论述将在第七章中展开。

【原文 2】

二、会计信息需求主体及其信息需求差异

广义上，对企业而言会计信息需求主体可以分为：政府、股东、债权人、职工、供应商、客户、会计师事务所等。C 各需求主体需要的会计信息是受其特定的目标驱使的。具体地讲，政府为宏观调控、税收征管、会计监管、资本市场监管、防范金融风险等目标需要会计信息；股东（含潜在）为是否投资、已投资资本的安全和收益需要有关投资风险和收益的会计信息；债权人（含潜在）为是否授信、授信后债权的安全和收益需要有关企业偿债能力会计信息；职工为了了解企业的前景进而决定去留需要会计信息；供应商为了了解企业的实力和评价企业的信用等级进而决定相应的销售政策需要会计信息；客户为了了解企业的实力和评价企业的信誉度需要会计信息；会计师事务所为了发表恰当的审计意见需要会计信息。D 也就是说，不同的需求主体有不同的决策目标，围绕不同的决策目标当然也就有不同的会计信息需求，我们称之为需求差异，表现为会计信息质量要求和数量要求的不同。在这里必须指出的是，E 以下因素也会影响需求主体的会计信息需求：①禀赋（endowment）差异。禀赋是指主体拥有的各种资源，如时间、财富、学习能力、权利、关系资源等。应该承认各类会计信息需求主体的禀赋是不同的，比如在证券市场上机构投资者的信息来源渠道就比中小散户多，多渠道信息可以弥补公开信息的不足；再比如大股东凭借其控股地位，在董事会占有多数席位，事实上成为企业的内部人，此时大股东和经营者合一，身处企业内部，处于信息优势地位，对会计信息的需求就有所减少。②认知水平。认知水平是指人掌握知识的多少和对信息的理解力高低，显然一个人知识储备、知识结构、理解能力、决策水平的差异会影响其对信息的需求。③对风险态度不同。一般地，风险厌恶者做出决策时期望更多的信息来佐证决策的正确性，表现为更多的理性，以回避风险；风险爱好者做出决策只需占有适当信息，往往更多凭借一种感性。

还有必要说明的是：虽然不同需求主体的信息需求有异，但并不是截然不同的，各信息需求集是有交集的。比如就股东的信息需求集而言，政府也同样需求其中的有关企业盈利方面的信息。

【标注 2】

C：该行文实质上是一个已知的会计判断。

D：该段文字实质上一个三段论，即以 C 和上文中会计信息的经济后果为前提而推出的结论。

E：该段实质上是一个归纳推理的变种，即通过对相关因素的分析，归纳推理出影响市场参与主体的信息需求的因素。

【原文 3】

三、禀赋差异与需求满足方式：公共契约和私人契约

如上所述，F 需求主体是有需求差异的。出于决策的需要，各需求主体都希望企业能按照自己的会计信息需求偏好来供给，但会计信息的供给是有成本的（会计信息的供给成本包括生产、披露、审计及风险成本，其中风险成本是指信息披露可能给企业造成竞争劣势），对于如此多的差别信息需求，企业显然是无能为力的。G 所以在这里禀赋的作用就凸显了。主要表现为：

第一，政府是国家公共行政权力的象征，掌握国家强制力这一特殊权利禀赋，是国家管理经济和行使社会职能的代表，为满足其对会计信息的需求，政府可通过国家的法律法规、部门章程等形式规范企业会计信息。具体地说：①通过颁布《中华人民共和国会计法》《中华人民共和国公司法》《中华人民共和国税收征收管理法》《中华人民共和国证券法》等国家法律从宏观层面规定企业的会计信息；②通过控制《会计准则》《企业会计制度》等的制定权和修订权从微观层面规范企业的会计信息；③通过政府的会计信息监管部门的日常监管来保证会计信息的质量和数量。

第二，股东是企业资本的提供者，从其控制的禀赋角度讲与政府是无法相比的，其控制的禀赋主要是资本。为进一步满足自己的信息需求，股东一般有以下几条途径：①与企业签订私人契约（如签订或修改《公司章程》等），约定企业向其供给信息，当然这一契约是以股东让渡资本的使用权为代价的。对公众公司而言，股东往往在股东大会上通过其手中的表决权来主张自己的权利。②当自身的信息需求未被满足时，股东也可以通过证券市场“用脚投票”来惩罚企业，影响企业的信息供给。这两条途径都是股东控制的特殊禀赋的权利

延伸。

第三，债权人（含潜在）为是否授信、授信后债权的安全和收益需要有关企业偿债能力方面的会计信息，一般除利用强制性披露的会计信息外，债权人还有以下途径：①通过与企业签订借贷合同来约定企业的信息供给，在这里债权人凭的是资金禀赋；②有时债权人本身就是企业的主办银行，债权人凭借关系禀赋从企业的资金账户上也可以得到有关资金流动的信息。

第四，一方面，职工、供应商、客户、会计师事务所等会计信息需求主体可以利用强制性披露的会计信息来了解企业。另一方面，其也可利用特殊的私人契约和禀赋差异来获得进一步的信息。比如职工可以在劳动合同中约定或通过其身处企业内部的便利来获得会计信息。供应商、会计师事务所也可分别通过供应合同、审计合同或与企业的日常业务往来获得信息。

在这里要特别指出的是，实际上在利用公开信息、各自的特殊禀赋和私人契约之外，还可以通过以下两条途径来进一步满足自己的信息需求：①聘请中介机构付费购买自己需要的会计信息。Harry I. Work（2003）指出，在美国，分析家对股票市场的一份研究显示，人们确实愿意订立私人信息契约来购买分析性信息。②参与国家法律法规等会计规范的制定和修改，积极游说会计规范的制定人，主张自己的信息需求，影响会计规范的制定和修改。

综上，H 信息需求主体禀赋的差异引出不同的信息需求满足方式，或者说是因为：①禀赋的稀缺性程度不一进而禀赋价值就有所区别，政府采取公共契约的形式、其他主体采取私人契约的形式来满足各自的需求，但这两种方式的取得成本是不同的，一般后者的成本（含签约成本、执行成本、监督成本）要高于前者。②由于禀赋分布的不对称，各类需求主体获得的会计信息也有所差别，表现出不同禀赋的特殊优势。比如与其他信息需求主体相比，作为债权人的银行对企业资金流向和流量方面的信息就处于优势地位；再比如政府对企业税收征管方面的信息就处于优势地位。所以，应该值得我们注意的是，信息主体之间的信息交流和共享就显得无比重要（当然这是在法律法规、行业规范的框架内）。首先，这可以同时减轻各方的信息不对称，从整个社会的角度也节约了信息的搜寻成本；其次，这有利于各类信息需求主体之间的交流和合作，形成一股合力要求企业披露更充分的会计信息；最后，这充分利用了各主体的禀赋优势，包括知识特长、关系资源，达到优势互补。也就是说，合作是一种经济学意义上的帕累托改进。

**【标注 3】**

F：这段文字实质上也是一个三段论的演绎推理，即以理性的经济人需要自己所期望用于决策的会计信息（会计信息具有经济后果性）为前提，进而推出的结论。

G：一个归纳推理，即通过分析来或然性推理出禀赋的重要性。

H：一个对上文的总结，实质是一个以归纳推理为前提的会计演绎推理，即以已经得出的归纳推理的结论作为下一步演绎推理的前提条件，同时运用相关的经济学和管理学的已知理论进行推理，进而逻辑地推演出三点结论性的会计判断。并且，为后文的对策研究提供前提。

**【原文 4】**

四、J 相关利益者联席会议制或俱乐部：一种制度建议

既然在各类信息需求主体之间存在经济学意义上的帕累托改进，合作便有其维系的基础。但问题的关键在于：①只能是小集团之间的合作。利益相关者数目众多、效用函数各异、成本函数各异、收益函数各异、都有搭便车的倾向以及知识、时间禀赋的差异等因素使个体理性往往和集体理性相背离，但小集团由于其“互相监督可行、利益相容、贡献容易衡量以及收益容易分配”使合作成功的概率要大于大集团合作成功的概率，正如奥尔森在其《集体行动的逻辑》中所论述的那样：“实际观察和经验以及理论都清楚地表明，相对较小的集体——‘特权’集团和‘中介’集团——具有更大的有效性。”②要有选择性激励制度。如果能有一个消除这种背离的选择性激励制度存在，能达到“能者多劳多得、赏罚分明”的经济效果，就会激励具有特殊禀性的利益相关者放弃“搭便车”的倾向，为集团的利益同时也为个人的利益付出努力，以达到个人理性和集体理性的基本匹配。基于以上两点我们提出以下制度建议：

第一，按上市公司的属地原则，不同的监管部门（如央行、银监局、证监局等）建立联席会议制度，定期或不定期交流辖区内上市公司的监管动态。必

要时也可组织联合检查组，在法律法规等规范许可的范围内实现会计信息的共享和监管经验的交流。进一步讲，在部级、省级层次上也可建立类似的联席会议制度，实现更大范围的信息共享和经验交流。这样其一节约了监管成本，其二避免了不必要的重复检查，减轻了企业的负担，两者都是一种社会资源的节约。其三，更为重要的是提高了政府监管部门的信息需求满足水平。实际上，类似的信息共享和交流也不一定只局限于监管部门之间。

第二，由证券监管部门或证券业协会牵头，引导上市公司的利益相关者（特别是机构投资者，他们比较容易形成事实上利益相容的小集团）自愿组成一个利益相关者俱乐部，定期或不定期就企业的发展前景、投资价值进行交流，当然是在法律法规等规范许可的范围内。同时，该俱乐部可就大家普遍关心的问题或信息达成共识，反馈给公司的经营管理者和监管部门，架起一条利益相关者与公司和监管部门信息交流的桥梁。更重要的是让公司和监管部门知晓“谁需要会计信息、需求什么方面的信息、对信息的质量要求是什么”，这无疑会促进公司改善会计信息的供给、监管部门优化监管手段和实现“保护投资者利益”的监管目标，进而满足利益相关者的信息需求。

第三，有关费用的分担：对于政府监管部门之间的联席会议制度所发生的费用可采取轮流主办制，由主办方轮流负担。利益相关者俱乐部发生的共同费用（如场地租金、工作人员工资等）可按利益相关者在上市公司中对应的年度平均资产（或资本）占俱乐部会员对应平均总资产（或总资本）的比例分担，采取先预交后结算略有宽余的方法按期缴纳。

第四，选择性激励制度：在监管系统内，对监管成绩突出的政府工作人员可采取奖金、晋升、表扬等多种激励手段，对成绩平平的工作人员实行谈话提醒，对玩忽职守的工作人员按有关规定进行惩罚。在利益相关者俱乐部内部，经会员大会同意建立“维权奖励基金”（当然俱乐部主张的应该是合法的权利，是自己当自己的经济警察的一种体现），就大家公认的“维权勇士”进行物质奖励。

【标注4】

J：该段对策性论述是以前文的结论为基础，结合相关学科的理论而设定一种制度。

# 第 7 章　会计假说与会计论证

## 7.1 会计假说

### 7.1.1 会计假说的涵义

#### 1. 假说与会计假说

首先，需要明确的是：假说是人们认识事物的一种思维方式。比如，医生在医疗实践中通过望闻问切进而做出的初步诊断是一种假说；再比如，社会管理人员针对社会突发事件的假说而提出的处置方案也是一种假说。简言之，该种认识事物的方式是人们在探索未知的社会经济生活中，为认知的目的而提出的假定。在逻辑学中，假说是指在科学研究中的合理猜想，即根据已有的事实或者知识，对未知的现象及其规律作出合理的假定，并在此基础之上证明该项假定的思维过程。

会计假说是“会计”和“假说”的复合词，是指根据已有的会计理性知识，对未知的会计现象及其规律作出合理的假定，并在此基础之上证明该项会计假定的思维过程。比如，对证券市场中常见的会计盈余管理的会计现象及其规律的研究，就有多种假说。①有的学者认为，在第 T+1 和 T+2 年度出现连续亏损的大多数上市公司在 T+2 年度呈现极强的盈余管理动机，经检验证明为真。②还有的学者认为，大多数上市公司存在一种所谓的“洗大澡”的盈余管理动机，即其在某一实现盈利无望的会计年度会集中“出清”以前年度潜亏并同时尽量多提折旧、多摊销等，经检验也为真。这些都是会计假说的例子。

**2. 会计假说的特征**

会计假说作为一种特定的思维过程，有其一定的特征。主要表现在以下两方面：

第一，任何一个会计假说的提出都是以一定的相关会计事实或会计理性知识为支撑基础的。也就是说，假说不是“空中楼阁”，更不是主观的“随意猜想”，而是在掌握一定的资料和理论基础之上的合理假定，进而为下一阶段的证明奠定坚实的基础。

第二，在会计学的研究中，围绕某个具体问题而提出的会计假说并不是单一的，而且不同的会计研究者会从不同的角度出发会给出不同的会计假说，同时由于各个研究者所占有的样本资料的不同，其假说的结论往往会有所不同，甚至在有些时候还会相反。

### 7.1.2 会计假说的提出和验证

一个典型的会计假说，大体可以分为三步：首先是假说的提出，其次是由假说推出一些结论，最后是验证这些结论。

**1. 会计假说的提出**

在会计假说的提出阶段，最常见的方法是在占有一定背景资料和相关理论的基础之上的会计推理，因此它并不是“胡思乱想”，更不是“无稽之谈”。

比如，我国于2007年1月1日开始在上市公司实施新的企业会计准则体系，通过对新会计准则的计量属性、长期投资核算方法、投资性房地产核算方法、合并报表方法等方面的考察，可以合理推出“对大多数上市公司而言，新会计准则的执行能够提高企业的报表利润”，这实质是一个会计假说。

**2. 会计假说的推演**

会计假说的推演，就是以会计假说为前提，逻辑地和必然地延伸出一系列的结论。具体而言，主要通过会计演绎推理来进行。当然也可采取其他有效的方式。

比如，在上述假说中，新会计准则的实施能提高大多数上市公司的利润额，但从会计理论的角度理解，诸如公允价值计量等未实现的持有收益实质上是上市公司会计报表要素的一种重新表述，只是代表报表数值的基础变为了新的计量属性，并不能必然地表明上市公司可持续盈利水平的提高。

**3. 会计假说的验证**

会计假说的验证是指把从会计假说推演出来的结论通过科学实验或社会实践加以证明的过程。在假说的验证阶段，有些是通过直接地观察有关的事实或现象来证明假说是否正确，有些是通过设计一些实验，根据实验的结果来证明会计结论的真伪。

比如，在上述假说中，通过对某一个或者一类上市公司在实施新旧会计准则时利润变化因素分析的基础之上，认为上市公司在实行新会计准则后的利润大增得益于会计计量属性的变革、合并报表方法的改变等多种因素，但从根本上而言并不是上市公司经营水平提高的必然结果。所以，这种新会计准则的实施能够优化企业的财务状况，能够在融资等方面提高企业的竞争力，但并不能从根本上提高上市公司的可持续盈利水平。

### 7.1.3 会计假说的学术价值：以一个企业集团资金管理为例

会计假说是一种常见的会计研究方法，在会计理论的发展中起到重要的作用，主要表现在以下几个方面：①会计假说以它的推测为会计研究人员提供了一个可供探索的科研方向，使会计研究工作可以有的放矢、有计划地进行，进而避免盲目性，有助于提高会计研究的有效性。②会计假说的实质是建立了一个由已知到未知，由不完全、不深刻的感性认识到更完全、更深刻的理性认识的认识路径。会计研究的发展历程告诉我们，会计从业人员（含会计研究人员）对客观存在会计事物的认识是一个不断提高的过程，是一个在已知理性知识基础之上不断深入的过程，是一个通过提出假说、验证假说形成相应的会计理论，再提出会计假说，再验证的不断反复的认知过程，推动着会计理论不断走向深入和繁荣。③会计假说能够在一定程度上指导会计实践。通过对未知会计领域的探索，提出假说，进而验证其结论可以对将来可能出现的会计实践提供一些政策建议和预测，进而指导会计实践。在前文中，笔者就特别指出：会计准则是否能有效执行，是否是高质量，不仅依赖于准则本身，更依赖于法律环境的改善和相应的激励机制。以下以一个以零售、房地产为主业的某国有企业集团（下称集团）的资金管理①为例，给出一个会计假说的实例。为了有效区分该假说和其他正文，对该会计假说特采用楷体小四号字作为行文的格式。以下为全文：

一、背景材料：资金之“痛”

某国有企业集团以零售、房地产为主业，下属企业众多。随着集团资本运作的深入，集团旗下的上市公司不断增加，同时下属企业也呈现集团化，即存在资本金不足下的多级投资②。从集团整体而言，资金的法人化管理给集团层面上的资金管理设置了一个制度障碍。具体而言，房地产次集团和零售业次集团将出现上市公司化，这将给集团的资金管理模式提出新的挑战。其研究的意义在于：在次集团逐渐上市公司化的情况下，鉴于对上市公司的严格监管，集团整体的资金可调剂量、资产可担保和可抵押额等方面将存在无法逾越的政策门槛。资金是集团发展的“血脉”，如果不未雨绸缪，将给集团的可持续发展带来资金瓶颈，这是本假说研究的意义所在！次集团的上市化是集团战略中资本运营的既定方针，但其背后有一个被忽视的问题：集团的资金得失！

1. 零售次集团的上市

第一，从资金的角度分析，零售业突出的特点是有充沛的现金流，其每日沉淀在银行系统（全国各地）的资金量达数十亿元之多，是集团不折不扣的“现金奶牛”，但该部分资金存款除享受银行给予的活期利率外基本没有任何收益。

第二，如实现零售业的整体上市，集团的现金流将因为政策方面

① 有必要指出的是：该会计假说的基础是笔者在一个实习期间的一篇工作论文，未经发表。

② 这是国内企业的一种企业制度创新：在我国，在新的《公司法》修订之前，对企业的对外投资有严格的限制，即不能超过企业实收资本的50%；但在新修订的《公司法》中该项限制性条款被取消，这样就给了企业特别是集团企业重复投资的政策空间，就犹如银行系统的派生存款一样，如果没有央行的存款准备金制度的限制，银行系统的派生存款将是一个天文数字。

的原因和零售次集团的现金流各自封闭运行。

第三，从集团目前所持的上市公司股权的比例而言，要保持控股地位，定向增发或者配股后收购大股东资产的可能性更大。也就是说，在短期内集团不会减持上市公司股份而获得现金。

2. 房地产次集团的上市

第一，从目前的情况看，房地产依然是集团的资金需求大户。

第二，从目前一级市场的现状而言，对房地产行业再融资的监管趋于严格。鉴于是借壳某st类股票，其可融资能力一般在1－2年是难以发挥作用的，该次集团的发展在短期内仍然需要集团的资金输送，方能使房地产业做大做实做强，进而恢复和增强其再融资功能，否则集团对房地产次集团的借壳上市就失去了意义。

3. 或可出现资金盈余和短缺并存之“痛”

如上述假设和推理成立，那么在次集团上市化后，从集团层面上将出现这样一种资金分布状况：一边是零售行业的高资金盈余，一边是房地产行业的资金短缺。在次集团上市化的情况下，集团进行调剂的难度很大，因为这不仅牵涉到一个董事会和股东大会的问题，还涉及监管层面的严厉监管。

如果出现此“资金血脉不通之痛”，集团将为之付出较高昂的融资成本，即从集团整体层面上是不缺乏资金的，但由于上市公司的治理机制、法规政策等原因，将不得不为资金短缺的项目进行间接融资，进而付出不菲的资金成本。

本假说的研究目的在于：能否在集团层面进行资金管理体制的创新，在一定程度上规避相关障碍，提高资金使用效率，进而降低集团整体的资金成本，同时尽可能地利用金融市场的功能，谋求低风险的资金运营收益。

二、假说推演的理论基础：资金之“痛”源

从集团的发展思路上讲，资金管理思路是集中统一管理，即集团资金中心将在资金管理中扮演集中、调剂、配置、运营的功能。但目前由于体制、制度设计、业绩考核等不健全的原因，各单位基于资金本位思想而出现争资金、争规模的不良现象。从集团整体的层面讲，这不利于资源的优化配置。这就衍生了一个问题：资金的产权！实际上，所谓资金的产权是一个多层次的概念，不仅包含原始的所有权，还包括使用权以及收益分配权。以下分述：

1. 资金的所有权

根据经济学大师科斯的理论，只要明确资源的所有权就可以实现资源的优化配置，这样就会使市场化下的经济主体出于利益最大化的经济人目的而最优化自己的市场行为，这样才不会出现无主资源进而出现经济学上所称的“公地悲剧”①。按照这个逻辑，从集团整体而言，资金的所有权应该集中在集团总部。

2. 资金的使用权

在明确资金的所有权后，就会衍生出一个更深层次的问题：资金的使用权是否能脱离其所有权来进行拆分配置，即集团在拥有所有权的同时是否拥有资金使用权的配置权，能否将资金配置到效率最高的项目中去，这实际上是集团资金使用权的配置能力问题。

根据经济学中的信息不对称理论，下属企业及其合格高管因为更接近市场，相对而言，对市场的判断和理解应该是更理性的，其投资项目的成功比例应该比远离市场的集团总部要高。所以从该角度讲，资金的使用权应该赋予信息的优势方，也就是说资金的使用权赋予一线的企业经营者可能更合理，更有利于资金的使用效率和运营收益，关键在于要有一种激励和约束相容的制度设计！

进一步讲，可以设计一个合理的项目要求回报率（高于集团融资

---

① 该经典例子是指，一个公共牧场是无法承载各参与者的疯狂放牧的，因为公共牧场实际上是无主资源，参与者只索取不养护，谋求个人最大利益，因此，其必然的结果是牧场因过度放牧而失去再生能力。

成本的一定比例），并同时将该指标实际完成情况直接和下属单位的高管收入[1]挂钩，将集团拟定了“资金收益率”的标的进行挂牌，实行合格高级经理人的投标制度，让有能力的合格经理人“超常规”走到经营管理的第一线！当然，严格的企业内控制度、风险控制制度与投资论证机制是不可或缺的，这样方能避免“中标经理人”的逆向选择行为和败德行为出现。总之，将资金的使用权交予企业经理人从逻辑上讲是成立的。

3. 资金的收益权

在上述的论述中已经暗含：资金的收益权应该是由资金运营方（下属企业及其企业经理人）和资金所有者（集团）共享。至于共享的比例已经超出本假说的研究范围。

综上，应该明确：资金的所有权配置于集团，使用权配置于企业经理人，收益权在集团和经理人之间进行分享，这从经济学理论上是成立的。从资金管理的层面上讲，这主要是解决如下问题：即设计一种新型的资金管理模式，或者说进行一种针对性的制度设计，以实现上述资金产权的通畅配置，以解“资金血脉不通之痛”。

三、会计假说的提出和推演：集团资金管理财务公司化

在上文中，笔者已对此集团上市公司化的资金困境进行了较详尽的描述：资金盈余和短缺并存，同时还表现为下属单位众多、资金存放地分散。这就出现了一个挑战：在不影响下属企业生产经营自主权的大背景下（即不影响上文中提及的企业经理人的资金使用权），同时在保证集团对资金所有权控制的基础之上，能否进行资金管理体制的创新以将资金尽可能地集中？

① 这里的收入是指设立一种长短期相结合的收入体系，营造一种重复博弈的经营周期，避免下属高管的“一锤子买卖”等冒险的经营行为。

1. 集团财务公司：依然是首选的模式①

从目前国内上市公司与集团股东之间的资金管控模式而言，集团财务公司的模式仍然是首选。这点在中国石化（600028，sh）、南玻A（000012，sz）和天津港（600717，sh）等上市公司身上表现得极为明显。

以中国石化为例，在进行齐鲁石化（600002，sh，已退市）私有化的过程中，中国石化财务公司所发挥的作用一直在业内引起极大的争议：齐鲁石化的存款上存于中国石化财务公司，中国石化有统一调度权，实质上中国石化正是用齐鲁石化股东的钱买了齐鲁石化股东的股份，其私有化的资金成本微乎其微。

再比如，天津港集团在设立财务公司之后，利用其大股东的地位通过上市公司的相关程序表决将天津港的大部分资金纳入集团财务公司的管理范围。

这给我们一个启示：财务公司的模式能从实质上打通集团（控股股东）和上市公司的资金通道，而这正是我们期望的。

进一步讲，集团财务公司是保管集团成员单位资金的金融机构，根据成员企业的指令和需求来进行运转，但是并不干涉企业自有资金的使用权。

同时，通过管理成员企业资金账户，集团财务公司实质上又扮演了一个代替集团管控资金、监管集团的资金所有权不至于被侵犯的角色。这实际上也为成员企业的公司治理增加了一层外部的治理约束。

在这种模式下，集团财务公司对集团整体的资金运用将变得顺理成章。成员企业将资金存入集团财务公司，类似于将资金存入银行。从集团财务公司的角度看，表现为负债和资产的同步增加，货币资金表现为集团财务公司的资产。

① 该段为提出会计假说。

2. 看高一步：集团财务公司的盈利模式[①]

在集团财务公司实际设立时，一般由上市公司、集团以及相关符合资格的机构共同投资设立。集团下属成员企业与集团财务公司以签订金融战略合作的方式而实现资金的集团统一管理，这样既实现了集团整体资金的统一，又使该资金的可投资范围扩大（这是一种曲线投资，即通过财务公司进行）。

要特别指出的是：集团财务公司作为一个非银行性金融机构，其发展的空间和盈利模式是绝对不可小视的，其业务范围可涉及资本一级市场、债券发行和承销、吸收非公众存款、对成员企业贷款、担保、投资相关项目等。如深入发掘，基于金融业和商业零售业的税收政策的不同，给了集团在税收筹划方面以一定的空间。以下对集团设立财务公司后的机会成本以及收益做一个简单的预测：

（1）融资规模降低带来的机会成本减少3000万元

实现资金畅通后，每年可少融资5亿元[②]，按照短缺融资券年融资成本6.12%计算，每年可节约3000万元左右（50000 * 6.2473%[③] = 3060）

（2）投资渠道拓宽增收2500万元

比如，经过集团财务公司的许可利用5亿元的资金经营于一级市场新股申购、货币市场的资金拆借（融出）等风险极低的项目中，年收益率保守估计为5%，将增收2500万元[④]。

（3）一般企业存款和金融业同业存款之间存在不菲的利差

从我国现行的存款利率规定看，金融业同业存款的利率水平要高

---

① 该段是会计假说的推演与验证，意在得出会计假说的合理性。

② 笔者认为：这是一个比较保守的估计，从近期集团的资金日报表看，集团每日的资金余额都在15亿元左右，扣除支持日常经营之必须，对10亿元资金进行短期运作的空间是存在的。

③ 该集团近期短缺融资券实际利率。

④ 从现阶段看，虽然在2级市场上出现股票的破发，但这并不是常态。否则，资本市场的直接融资功能不再。

于一般工商企业存款（0.1%）[1]。银行目前对基金业执行的活期存款利率为1%，对证券公司执行的活期存款利率约为1.8%，也就是说基于非银行金融机构的资金规模而拥有的话语权，保证约1%的利差是完全可能的。如集团日均余额为10亿元，即可增收1000万元的利息收入。

如上的保守预测将每年为集团增加近6500万元的利润，岂能等闲视之！

3. 更上一层楼：控股一家城市商业银行，进一步延伸资金价值链[2]

从目前集团零售和相关产业的地域分布看，在集团注册地城市之外的机构愈来愈多，这就出现一个迫切的问题：异地分支机构的资金管理问题[3]。

笔者认为，目前地市一级的城市商业银行的注册资本最低限额为1亿元，以二线城市商业银行为例，第一大股东一般控股在20%～30%的区间内。也就是说，考虑到先入股本的溢价，在现阶段集团投资5000万～8000万就可控股一家商业银行。

从集团投资的角度讲，我们尚且不考虑控股商业银行对集团投资收益和财务应急能力的提高，仅仅从资金管理的角度，控股商业银行就完全可以实现异地分支机构资金的集中。同时，考虑到银行业目前对城市商业银行异地分支机构设立政策的松动，在集团下属企业较集中或资金余额上规模的地区实现银行和零售等相关下属机构的"同步登陆"，以集团财务公司的名义在商业银行开立账户存放资金，分支机构将资金存放在财务公司，财务公司根据集团分支机构的经营需要和

---

① 据笔者了解，银行对金融同业的存款在实际操作中实现的是协议利率，即通过谈判协商确定。

② 该段为进一步验证。

③ 2008年4月14日，《21世纪经济报道》报道中海运韩国分公司4000万美元资金被非法截留转移，这也是一个集团企业对异地分支机构资金监管不严的典型案例。

指令进行资金的结算和提供相关的金融服务是可行的。

随着集团的发展，可控的资金将更多，在控股一家商业银行的基础之上，资金运营的空间将更大，同时也能带动相关产业的发展，比如房地产行业的按揭贷款、汽车的消费信贷等。

另外不得不提的是：控股一家城市商业银行实质上是为集团开辟一条自有的连接外部资金的通道，同时资金的价值链将得以延伸。一个简单的预测是：目前地市一级的商业银行存款规模一般在100亿~150亿元的区间内，集团如能将自有资金5亿元存入其中，按照目前存贷款差约3%（1年期活期存款0.1%，一年期贷款3.1%）计算将增加1500万元的合并报表收益。

四、会计假说成立的一个旁证：集团财务公司模式下的银行关系管理①

笔者在和相关人员的交流中，就实行财务公司资金管理模式后如何维系当前的银行关系有过探讨，发现存在一种担忧：资金集中后将不利于银行关系管理。实际上，这是一种认识上的误区。详细阅读下文后将得以修正：

1. 短期内可以不改变集团资金存放地

实行集团公司资金财务公司化管理后，集团下属企业在财务公司开户，财务公司将资金存入相关银行，在短期内可维持集团资金的存放分布现状。唯一的差别是存款的名义拥有人在银行的更名而已。

2. 集团可以由存款零售商向存款批发商转变，话语权将得到加强

在现行的各自开户、存款的模式下，集团充其量就是一个存款零售商。实行资金管理财务公司化后，这种局面将有所改变：即向存款批发商转变。这种角色的转变将极大地增强集团在银行关系管理中的

① 该段也是对会计假说的验证，所不同的是其为旁证，即变换一个角度来证明该会计假说的可行性。

话语权。

综上，集团资金管理财务公司化将有利于银行关系的管理和开发，而不是倒退。

五、基于假说的政策建议：关键的战略步骤

1. 集团公司制改制应该“争朝夕”

按照该集团所在省份的国资委最近对省管企业的整合来看，建立省管企业公司制的图谋已经基本确定。集团可抓住有利时机，争取改制 + 增资 + 设立财务公司等一揽子计划全面通过相关管理部门的批准，进而实现跨越式发展。

2. 抓住国家和该省大力发展服务业的有利时机

在大力发展服务业的政策导向下，鉴于该集团在省内服务行业的龙头地位，充分解读相关文件和规定的经济涵义，利用集团的商誉价值尽可能争取相关各方的支持，学好政策、用好政策是可行的。

3. 联合相关实力单位

单从省管企业集团的层面讲，一些驻省会城市的省管企业集团也存在类似的资金管理困境，存在以集团为主导、多方合作、共享资金管理平台的客观需求，为相关省属国企参股该集团财务公司进而探索新型资金管理方式提供一个可行的渠道。同时，有必要指出的是：从零售行业的实际看，省内其他的零售集团也存在极其相似的资金管理问题，共享和共建资金管理平台的合作基础也是现实存在的。

# 7.2 会计论证

## 7.2.1 论证和会计论证的涵义

### 1. 论证的涵义

首先，需要明确指出的是：论证有广义和狭义之分。从广义上讲，论证包括反驳在内；从狭义上讲，论证仅仅是指证明。本书取其广义。

其次，在逻辑学科中，所谓论证是指用一个或者一些真实判断借助推理去确认另一个判断的真实性或虚假性的思维过程。比如我国改革开放的总设计师邓小平同志 1992 年 1 月视察深圳等地时有这样一段论述："要坚持党的十一届三中全会以来的路线、方针、政策，关键是坚持'一个中心、两个基本点'。不坚持社会主义，不改革开放，不发展经济，不改善人民生活，只能是死路一条。基本路线要管一百年，动摇不得。只有坚持这条路线，人民才会相信你，拥护你。谁要改变三中全会以来的路线、方针、政策，老百姓不答应，谁就会被打倒。"① 这段论述实质上就是一个典型的论证，该论证是从已知真实的判断出发，以此为依据运用演绎推理的方式，逻辑地推断出"要坚持党的十一届三中全会以来的路线、方针、政策，关键是坚持一个中心、两个基本点"这一判断的真。

最后，明晰论证和反驳的关系。论证是指用一个或者一些已知真实的判断去确定另一个判断的真实性的思维过程，而反驳是用一个或者一些已知真实的判断去确定另一个判断的虚假性的思维过程。从认识路径的角度讲，二者是相互联系的。实际上，反驳是证明一个判断的假，在该证明过程中不可避免地会

① 中共中央文献编辑委员会．邓小平文选：第三卷［M］，北京：人民出版社，1994：370.

给出一个真的判断，这实质上也是一种论证。

**2. 会计论证的涵义**

会计论证是“会计”和“论证”的复合词，是指用一个或者一些已知真实的会计判断去推断另一个会计判断的真假性的思维过程。换言之，是论证在会计领域的具体运用。

从认知的角度讲，会计论证是人的会计认识从感性上升到理性，再从理性回到实践中的中间环节，这和辩证唯物主义的认识路线是一致的。因此，从该角度讲，论证具有间接性、说服性的特点，它是一种重要的间接认识工具和方法，是会计理论和会计实践过程中一个不可缺少的认知工具，是传播会计知识、反驳会计谬论的重要手段。

### 7.2.2 会计论证的结构

任何一个会计论证都是由会计论题、会计论据和会计论证方式三个要素组成。三者有机结合，共同构成一个完整、丰富、充实的会计论证。

**1. 会计论题**

所谓会计论题是指需要确定其真实性或者虚假性的会计判断。其要旨是意欲回答“证明或者反驳什么”的问题。比如，对“在全流通条件下，上市公司的控股股东不再具有掏空上市公司的动机”这一会计判断的真假判定，就是该会计论证的论题。

实际上，确定会计论题是一个典型会计论证的第一步。按照论题的会计理论含量，或者说证明其真假的难度，可以将会计论题分为知识传播性会计论题和理论探索性会计论题。前者是指已经确定其真假性的会计论题，其目的是传授会计知识、宣传会计理论或者反驳谬论；而后者是指对一些尚无定论的会计判断进行真伪确定的会计论题，一般常见于会计理论研究。

有必要指出的是：作为会计论证的重要组成部分，会计论题应该做到确指性、醒目性和可理解性，这样才方便会计论证的阅读、传播和检验。

**2. 会计论据**

所谓会计论据是指用来对论题的真实性或者虚假性进行判断的依据。它实质上提供的是“用什么来证明或者反驳”。任何一个会计论证都必须有会计论据，这样才能说服人和得到广泛的认同。

实际上，会计论据可以分为两种类型：一种以事实为会计论据，另一种是以会计理论为会计论据。简言之，就是通常我们所讲的“摆事实”和“讲道理”。可见，在一个会计论证中，既有可见的、可验证的会计事实，又有坚实的会计理论和相关学科理论的道理，可以增强其说服力。比如，全流通条件下，通过对多个上市公司控股股东的会计行为进行事实分析，可以推演出现实中确实不存在其掏空上市公司的行为，这是“摆事实”的一面。进而，通过对后股权分置改革时代（全流通时代）上市公司控股股东和上市公司的利益相关度进行理论分析，可以发现存在控股股东和上市公司存在利益一致的资本市场环境和制度环境。也就是说，是环境的改变促使控股股东放弃掏空上市公司这种对自己不利的行为，而转向做实、做强上市公司这种对自己有利的行为，这个过程为“讲道理”。如此可见，两个类型的论据相互配合、互相支撑，构成一个强有力的会计论据体系。

**3. 会计论证方式**

所谓会计论证方式是指采取何种方式将论题和论据结合起来。它实质上回答的是“如何证明或者反驳”。

在会计论证的过程中，由于论证者掌握的方法类型和偏好、会计论题的种类、会计论据的收集和运用等多方面因素的存在，可以对不同的会计论题采取相同的会计论证方式进行论证，也可以对同一会计论题采取不同的会计论证方式进行论证。

在此，有必要指出的是：不同的会计论证方式在本质上无优劣之分，而只有是否恰当之分。比如，前文中对上市公司控股股东会计行为的会计论证，基于资本市场公开信息较容易取得等特征，就可以采取通过大样本数据的分析而归纳推理出控股股东行为的变化的方法。从本质上讲，这是一种会计归纳推理，是一种或然性的会计推理形式。

### 7.2.3 会计论证的规则

根据逻辑学的相关理论，一个有效的会计论证是必须遵守一定的逻辑规则的。其作为各种思维形式的综合运用，要保证其思维过程的正确性，就必须有一定的质量控制措施。一般来说，可以按照其三大要素进行分类：

**1. 会计论题的规则**

会计论题是一个会计论证的核心，因此，遵守会计论题的规则是一个正确会计论证的先决条件。会计论题的规则主要有如下两条：

第一，会计论题必须明确，即要求表达论题的会计判断、会计概念要清楚明白、恰当准确。会计论证的根本目的就是要确定论题的真实性。在一个会计论证中，如果会计论题含含糊糊、模棱两可，那么无论说多说少，都难以让人信服。换言之，首先论证者要知道自己在证明什么。如果违反这条规则，就是犯了“论题不清”的逻辑错误。

所以，按照这条规则要求，论证者要做到论题清晰、确切，把其中的关键会计概念界定清楚，进而避免不必要的混乱。这就是我们通常所讲的破题。当然，破题方式可以采取文章标题直接破题，文章开头破题等等。

第二，会计论题必须统一。这条规则要求论证者在论证过程中要保持前后一致性，论题不可随意变更、扩大或者缩小。如果违反这条规则，就是犯了“转移论题”的逻辑错误。

有必要指出的是：往往在比较复杂的会计论证中，一个总论题可以细分为几个分论题，此时就要求论证者注意分论题是为总论题服务的，总论题在整个论证中具有统驭和指导性的作用，各个分论题的论证范围不能超过总论题的范围。

**2. 会计论据的规则**

会计论据是用来支持会计论题的，因此，会计论据的质量和选择直接关系到会计论证的效果和说服力。所以，对会计论据的要求有如下规则：①会计论据必须可靠。会计论据是会计论证的基础，只有用真实可靠的、符合客观会计事实的材料和观点，才能证明论题的真实性或确定所反驳论题的虚假性。违反这条规则就犯了“虚假论据”或“预期理由”的逻辑错误。其中前者是指论据不符合客观事实，这种错误也叫“基本错误”；而后者是指引用自身还没有被证明正确的会计判断作为论据去证明论题的真实性或者反驳论题的虚假性。显然，一个自身的真假尚无定论的会计判断是不能去证明论题的真伪的。②论据的真实性不能靠论题的真实性来证明。这是一个因和果是否颠倒的问题。在论证中，论题的真实性应该是从论据的真实性中合乎逻辑地推出，也就是说，论题的真实性有待于论据去证明。反过来，如果论据的真实性由论题来证明，那么，只能代表论题和论据间的互相论证，这不过是自欺欺人，是毫无说服力的。违反这条规则，就是犯了“循环论证”的逻辑错误。

**3. 会计论证形式的规则**

会计论证形式要求论据和论题之间具有内在的逻辑联系，从论据能必然性地推出论题。违反了这条规则，就要犯“推不出”的逻辑错误。

需要指出的是：该错误的主要表现为论题和论据的不相关和以相对为绝对。

## 7.3 会计论证实例：全流通条件下控股股东的会计行为

为了进一步清晰说明会计论证的特征和应该遵守的规则，下文将以“全流通条件下控股股东的会计行为”为研究课题，作为一个会计论证的实例。

**1. 会计论题**

股权分置改革后，中国证券市场不再存在流通股股东和非流通股股东的划分，而代之以新的股东类别差异，即分为限售股和流通股两种，其中限售股在一定的时间之后获得上市流通权。在中国特定的资本市场历史性问题解决之后，这种深刻的制度性变革直接促使全流通时代控股股东的行为发生了嬗变，控股股东和中小股东的利益将趋向一致还是继续背离是一个市场参与主体非常关心的问题。

在股权分置的年代，即存在流通股和非流通股之分的年代，中国资本间杂着无数中小投资者的“血与泪”。一系列“控股股东想方设法掏空上市公司”的事实证明，当时的市场环境中不存在控股股东和中小股东的利益一致性。于是，在经历了漫长的市场改革之后，中国的资本市场迎来了全流通时代。也就是说，在各市场主体都是经济人的合理假设下，市场环境的改变一定会引发他们的行为变更。所以，考察上市公司控股股东的会计行为的变化是一个有意义和有趣的课题。

具体而言，熟悉资本市场的投资人士会发现，在全流通时代，上市公司控股股东资本运作的频率有所加速且力度有所加大。控股股东对上市公司的资产注入和集团的整体上市行为实质上是控股股东和上市公司的基本合并和完全合并，或者说，市场呈现出上市公司对控股股东主体进行吸收合并的基本趋势。只是，鉴于目前我国资本市场规模膨胀过快，市场监管部门有意识地进行了严格的审查，提高了整体上市和资产注入的门槛。但是不可否认的是：从这种吸收合并的趋势上看，控股股东和上市公司逐步嬗变为一个利益一致的共同体，所以，可以将论题定位为："全流通时代，控股股东和上市公司利益趋于一致。"从本质上讲，这是一个标准的会计判断，是该会计论证的论题。

**2. 会计论据：新市场环境下控股股东的理性经济人行为**

股份全流通时代，控股股东与上市公司关系的变化体现为如下几个方面：

（1）控股股东财务观的改变

在股权分置的年代，控股股东持有的上市公司股权没有流通的资格，其价值仅仅反映为投入的账面价值。但是在全流通时代，根据新的企业会计准则，在上市公司的股权全流通的情况下，该部分资产是可供出售的金融资产，账面价值和公允价值的差额反映在净资产（资本公积）中。因此，从该角度讲，上市公司股票价值的变化直接和控股股东的净资产相关，所以，控股股东存在做实和做强上市公司的动机。

（2）全流通时代的监管力度进一步加强

作为中国资本市场的监管部门，证监会的监督管理水平越来越成熟。上市公司控股股东"掏空"上市公司的难度越来越大，与其处心积虑进行高风险的违规行为，不如正向适应政策导向，提高上市公司的盈利水平。

（3）市场制度建设逐步完善

基于上市公司的高管一般由控股股东担任，市场监管部门支持和鼓励上市公司对高管和关键管理人员实施股权激励计划；同时，监管部门不失时机地引入独立董事制度、上市公司高管谈话提醒制度等配套制度，这些配套的制度建设愈来愈发挥其制度管人、管事的优势。

（4）投资人的风险防范意识增强

在倍受市场违规者的“反面风险教育”之后，如今证券投资者的风险甄别意识有所加强。特别是在机构投资者日益壮大的市场参与主体结构变化的环境下，机构投资者正愈来愈发挥着维权的重要作用。

因此，综合以上论据可以合理地推断出：在全流通时代，控股股东和上市公司利益正趋于一致。

# 第 8 章 会计逻辑思维基本规律和能力培养

## 8.1 会计逻辑思维基本规律

### 8.1.1 会计逻辑思维基本规律的涵义

会计人员的思维不是杂乱无章的，而是有其一定的客观规律的，这就是我们通常所讲的会计逻辑思维规律。

严格地讲，按照会计逻辑思维规律所规范的范围不同，会计逻辑思维规律分为两大类：第一类是只适用某一思维形式的特殊规律。比如，在本书中提及的对会计概念下定义的规律、对会计属概念进行划分的规律、对会计三段论推理的规律等，这些都是对会计逻辑思维的某个方面、某个领域进行逻辑规范的特定规律，因此其适用的范围是局部的，而不是全局性的。第二类是会计逻辑思维的一般规律，即会计逻辑思维基本规律。它适用于各类会计逻辑思维形式，是人们运用会计概念、作出会计判断、进行会计推理和会计论证时所必须遵循的起码的规则，是保证正确会计逻辑思维的必要条件。基于此，笔者将会计逻辑思维基本规律定义为：

会计逻辑思维基本规律是指会计逻辑思维规律中全局性、根本性的规则，是会计人员在日常的会计思维中所必须遵守的基本规范。

### 8.1.2 会计逻辑思维基本规律的特征

会计逻辑思维基本规律有一定的特征，主要表现为：

**1. 客观性**

会计逻辑思维基本规律的客观性是指其发源于会计实践，是对会计思维进行总结，进而体系化的一种系统知识。它是会计人员在长期的会计实践中对会计思维知识最一般的总结和概括，是对会计人员思维活动的正确反映。

**2. 全局性**

会计逻辑思维基本规律关注的是会计思维中事关全局性和基础性的理论知识，而不涉及具体思维层面的规则。它是会计逻辑思维中必须遵守的基本条件，是正确思维和有效思维的根本保证。也就是说，会计逻辑思维基本规律是一个正确且有效会计思维的质量保证机制，只有遵守会计逻辑思维基本规律，才能合理而有效地运用会计概念、会计判断和会计推理等逻辑思维形式。同时，换个角度讲，会计逻辑思维基本规律也是检验一个会计逻辑思维是否有效和合理的检验机制，如果不符合会计逻辑思维基本规律，该会计逻辑思维一定犯了这样或那样的逻辑错误。也就是说，会计逻辑思维基本规律实际上给出了一个检验一个具体会计思维是否有效的检验机制，亦即对一个具体的会计思维，我们可以运用会计逻辑思维基本规律对其进行“试金石”般的快速检验，符合会计逻辑思维基本规律是判断一个具体会计思维有效和正确的必要条件。

**3. 一般性**

会计逻辑思维基本规律和会计逻辑思维具体规律是一般和特殊的关系，会计逻辑思维基本规律对特殊具体规律具有统驭的作用。这也符合会计认识的实践路线。会计人员对客观会计事物的认识是从某个特定的会计事物（含会计思维）开始的，一开始是先认识会计事物的特殊性，进而通过不断地反复、实践和检验，才能上升到一般性、共性。

因此，由于其客观性、全局性和一般性，会计逻辑思维基本规律一定是一个数量较少、体系简单、简洁明了的知识体系集合。

### 8.1.3 会计逻辑思维的功能

会计逻辑思维规律是对会计逻辑思维的一般性和全局性的总结，是会计理性知识的体系化，是会计理论的一个重要有机组成部分，所以它一定具有会计理论的功能共性。

**1. 指导功能**

会计逻辑思维基本规律是对会计逻辑思维规律的抽象总结。按照会计理论来源于会计实践进而指导会计实践的功能属性，会计逻辑基本规律也具有指导会计实践的功能。笔者认为，其会计实践的指导功能不仅仅局限于会计人员思维本身，其逻辑的影响力可通过逻辑思维主体的会计行为而“辐射”到会计实务、会计教育和会计研究的具体工作中。因此，从该意义上讲，会计逻辑思维基本规律的指导功能的边界不可谓不大，影响力不可谓不强。

**2. 预测功能**

在具体的会计实践中，面对不断变化、复杂的会计实践，一个合格的会计人员只有运用会计逻辑思维规律（含基本规律），充分发挥其主观能动性，对客观会计事物的发展和变化进行合理的预测，这样方能顺利完成其从事的具体的会计实务、会计教育和会计研究工作。进一步讲，基于会计事物呈现的不确定性，会计人员可以从已知的会计事物出发，综合考虑未来期间会计事物可能出现的情况、特征、关系，对会计事物的发展和变化作出逻辑的判断，进而预测该事物可能的结果。

**3. 教育功能**

运用会计逻辑思维基本规律进行会计教育是提高会计教育效果的一个可行途径。在会计教育中，将会计逻辑思维基本规律和具体的会计教学内容进行融合会极大地提高会计教育的有效性。

# 8.2 会计逻辑思维基本规律的内容

按照经典逻辑学科的相关理论，会计逻辑思维的基本规律有以下四条①：

## 8.2.1 同一律

### 1. 同一律的内容和要求

同一律的内容是：在同一会计思维过程中，任何一个会计思维的自身都具有同一性。换言之，在同一思维的过程中所使用的会计概念或会计判断要保持自身的同一性。

简言之，同一律的逻辑形式为：A 就是 A，或者如果 A，那么 A。其中，A 可以代表一个会计概念，也可以代表一个会计判断。也就是说，如果一个会计概念反映一个会计事物，它就应该仅仅反映该事物，它是确指的，而不是含糊的②。

具体而言：①同一律要求在同一会计思维中所使用的会计概念必须保持自身的同一，不能变更。此时，概念是确指的，有明确的内涵和外延。比如，在讨论资产减值时，资产就是资产，除非特别指出或者限定，否则它就应该是也必须是代表资产集合的全体，而不能特指某一类特殊的资产。所以，从同一律的角度，笼统地说，新会计准则规定“资产减值准备不得转回”是不恰当的，因为，按照准则，如存货等流动性资产的减值是允许在以后会计年度有条件转

① 在有些逻辑学教材中，对逻辑思维基本规律的内容范围规定为三条，即同一律、矛盾律和排中律，而未将充足理由律归入其中。笔者认为，充足理由律也是一条逻辑思维基本规律，原因在于其对逻辑能力培养和对判断、推理以及论证的强大支撑作用，即认定某一结论必须有充足的理由，它对整个逻辑思维的作用是基础性的、全局性的和一般性的，所以也就应该归入逻辑思维基本规律之列。

② 进一步讲，正如在第 2 章论述的，这和要求作为会计概念语言学表述的会计术语的单一性也是一致的。

回的。②会计判断也必须保持同一性，不得随意转移，这是指在一个会计推理或者会计论证中，若已先行给出一个已知会计判断表明其断定事项的确定，那么就不能在该会计推理或者会计论证中出现与之相矛盾的会计判断。比如，在同一个会计论证中，就不能同时出现“现金是流动性最高的资产”和“现金的流动性不强”这两个会计判断，否则就不能保持逻辑思维的前后一致性要求，或者说这是思维混乱的一种表现。

在此，要特别指出的是：同一性作为会计逻辑思维的一条基本规律，它具有必然性和客观性。在一个思维过程中，思维应该总是同一的，不管会计人员承不承认，它总是不以会计人员的主观意志为转移的。

**2. 违反同一律的逻辑错误**

违反同一律的逻辑错误主要有两种：①混淆概念（偷换概念）。混淆概念是指在一个会计思维中有意或者无意地把原来的会计概念换成另外一个会计概念。其途径无非是两种，或者改变会计概念的内涵，或者改变会计概念的外延，但其共同的后果是“此概念”有意或者无意地被更换成“彼概念”。比如，在上文中所提及的“资产减值准备不得转回”的例子就是一个典型的偷换会计概念的例子。笼统地讲，资产的减值准备不得转回是不正确的，按照会计准则的相关规定，为防止会计主体刻意地通过资产的减值来进行恶意的盈余管理，规定长期性资产的减值准备是不得转回的，而流动性资产的减值准备在一定的条件下是允许转回的。如果我们不加区别地泛指“资产减值准备不得转回”，实质上是违反了同一律的规律要求，是典型的偷换概念的逻辑错误。②转移论题。该逻辑错误是指，在同一会计思维中，所使用的会计判断的内容不一致，或者在论证中途改变讨论的对象和论述的中心，这就会出现我们通常所讲的“文不对题”或者“答非所问”或者“节外生枝”的逻辑弊端。其直接的后果是不能保证思维的一贯性，造成会计思维的混乱、无序。而对于一个正常理性水平的会计人员来讲，只要遵循同一律的要求，这一逻辑错误是完全可以避免的。其实，这种现象在会计实务中的危害极大。根据笔者的了解和观察，目前很多上市公司的会计舞弊采用这种方法，突出表现为对异常变动的会计指标或会计数据的解释总是避重就轻、语焉不详、答非所问。归根到底是采用转移论题的手法，其目的是企图转移会计信息使用者的视野，试图用其混乱的会计思维来掩盖对其不利的客观会计事实。从这层意义上讲，在分析上市公司的会计信息时，如果使用者能够遵循会计逻辑思维的同一性要求，就可能发现上市公司的可疑造假行为。比如，某上市公司为掩盖其控股大股东占有其资金的事实，在会计期末将大笔的应收款项通过投资下属关联公司股权的方式而变更为长期股权投资，而这种长期股权投资和该上市公司的主业相关性不大。这样做的目的是将应收款项通过关联交易转化为资产负债表上的长期股权投资项目，从而将大股东占有上市公司资金的问题化解，这才是该行为的实质所在。而在会计信息披露中，该上市公司并没有将该交易三方的关联关系进行准确的披露。在一个独立的证券研究机构的研究报告中，分析师对此进行了质疑，进而揭露出交易三方的关联关系。

**3. 正确理解和使用同一律应该注意的几个问题**

同一律强调的是在一个会计思维的过程中一以贯之的逻辑特性，但它并不否认会计事物的发展变化，以及反映该会计事物的会计概念、会计判断和会计推理等的变化。也就是说，这里的同一律不是绝对的，而是相对的。所以，在正确理解和使用同一律时不能对其绝对化，否则会降低该会计逻辑思维规律的科学性。在运用同一律时，要注意的是：

首先，不能将同一律看成形而上学的世界观。在逻辑学的历史上，一些形而上学的学者就曾经把同一律和形而上学混为一谈，把同一律要求的概念、判断在思维中要保持自身同一，理解为世界上的事物是绝对的永恒的同一，这显然是荒谬的。实际上，对同一律的正确理解是，它不是世界观，而是一种普遍存在的客观思维规律，它内生于对思维的总结，并不否认客观事物的发展和变化，恰恰相反，它以承认客观事物的发展变化为其存在的前提。

其次，要恰当地界定同一律的适用范围。同一律要求会计人员的思维要有确定性，这是有条件的，即在同一时间、同一关系下对同一对象而言的。也就是说，当客观会计事物所处的时间和空间发生变化时，相应的会计概念、会计判断因环境而变并不违反同一律，因为这已经不是在同一个会计思维中了。比如，根据企业 2024 年的财务状况、经营成果以及现金流量得出的综合判断并不适用于该企业2025年的情况，这只是随着时间的推移，企业的各方面情况发生变化的结果。

最后，还必须明确，同一律要求的同一是每一个会计概念、会计判断以及会计思想在同一个会计思维过程中的同一性，并不否认在特定情况下，等价会计概念、等价会计判断以及等价会计思想的表达，这并不违反同一律的要求。比如，在有的会计论文中，作者为行文的方便，将会计准则、准则、会计规范、规范进行交替使用，此处应该专门指明该种等价性。

### 8.2.2 矛盾律

#### 1. 矛盾律的内容和要求

矛盾律的内容是指在同一会计思维过程中，两个互相否定的会计思想不能同时为真，必有一个为假。换言之，在同一会计思维中不能出现两个自相矛盾的会计思想。

矛盾律逻辑形式为：A不是非A。具体而言，其对会计概念和会计判断的要求为：①会计概念的确指性。即要求在同一会计思维过程中，不能同时用两个互相矛盾或者相反的会计概念指称同一会计事物。也就是说，对某一特定的会计事物不能同时赋予它是某会计概念又不是某会计概念。比如，企业A通过签订协议租赁企业B的一套闲置不用的固定资产，那么对企业A而言，要么将固定资产纳入自己的固定资产管理（融资租赁），要么将其备查登记，表外核算不纳入企业A的固定资产，而不能同时认定该固定资产是企业的融资租赁资产，又是企业的经营租赁资产。②会计判断结论的唯一性。即要求在同一会计思维过程中，不能既断定一个客观会计事物具有某种属性，又同时断定它不具有某种属性，进而陷入不可知论。比如，企业A通过签订协议使用现金附加汽车去交换企业B的一套闲置不用的厂房，对于判断该项交易是货币性交易还是非货币性交易应该有一个唯一的结论，而不能同时认定该交易既是货币性交易又是非货币性交易，这样的结果将不可避免地导致会计信息的不可知论，其后果是非常严重的，表现为将直接伤害会计的科学性。

**2. 违反矛盾律的逻辑错误**

违反矛盾律的逻辑错误为自相矛盾，通常表现为一句话里出现自相矛盾和句子之间自相矛盾两种情况：①一句话里出现自相矛盾。这种情况在会计实践中较少见，但也应该注意防范，其突出表现为违反常识，“前”不能导致“后”，“后”不能解释“前”。比如，“一个负债率很高的企业能够低成本融资”。殊不知，在正常的情况下，一个高负债率的企业由于企业到期不能偿债的比例较大，作为理性的独立市场参与主体，贷款方一般不会以较低的成本向其提供资金。②句子之间自相矛盾。这种情况常见于一些不严谨的会计思想表述中，其突出的特点为，前后出现自相矛盾的表述，即用“前”之矛足以破“后”之盾，反之亦然。如下对一个企业的表述就犯了句子之间自相矛盾的逻辑错误：

2007 年上市公司已经适用新的企业会计准则，对房地产行业上市公司而言，由于持有的商业性质的地产采用公允价值计量，其净资产绝对额大幅上升。具体而言，房地产企业 A 的净资产绝对额却出现了下降。

这就是一个典型的“前言不搭后语”现象，在前文中的表述不能合理有效地对房地产企业 A 的净资产下降进行解释，即房地产企业 A 并不具有房地产上市公司净资产绝对额大幅上升的共性，而相反地出现了净资产下降。所以，就表述形式上而言，其违反矛盾律。但要指出的是，它却不一定违反客观事实，即房地产企业 A 的净资产下降的原因可能是不持有大量的商业地产、未采用公允价值计量、企业大比例对股东支付现金股利等。

**3. 正确地理解和运用矛盾律应该注意的几个问题**

在会计实践中，特别在会计论证和反驳中，矛盾律的适用范围很广，所以有必要充分发挥矛盾律来认识客观存在的会计事物。但理解和运用矛盾律时必须注意的是：

首先，要严格区分逻辑矛盾和辩证矛盾。逻辑矛盾和辩证矛盾，前者是会计思维中的矛盾，而后者是会计现实中客观存在的矛盾。所以，从该意义上讲，矛盾律是为了杜绝会计思维过程中出现的逻辑矛盾，否则就妨碍我们正确认识客观存在的会计事物。相应地，辩证矛盾是会计事物中客观存在的，它不以人们的意志为转移，而且它是客观会计事物发展变化的动力。

其次，矛盾律是有条件的。这里的“有条件”是指同一事物、同一时间和同一关系，即矛盾律要求在上述三个同一下相互否定的会计思想不能同时出现。也就是说，当其中的任何一个同一演变成“不同一”时，两个相互否定的会计思想并不必然是矛盾的，此时同时出现相互否定的会计思想并不一定违反矛盾律。比如，企业在实施新会计准则的年度中，根据第38号企业会计准则对首次执行日余额进行重新表述，使该企业的净资产得以大幅上升，这并不能否认根据旧企业会计准则得出的该企业的净资产数额不高的既定判断，因此，这种会计思维的过程也并没有违反矛盾律。

最后，要正确理解矛盾律和同一律的相互关系。从逻辑形式上讲，同一律表达的是A是A，而矛盾律表达的是A不是非A，根据“否定之否定”的常识，它们实质上是相通的，其不同之处只是它们规范会计人员逻辑思维的角度不同。前者是以肯定的形式，而后者是以否定的形式进行的，其实是异曲同工、殊途同归。

### 8.2.3 排中律

#### 1. 排中律的内容和要求

排中律的内容是指：在同一会计思维过程中，两个相互否定的会计思想不能同时为假，必须有一个为真。

简言之，排中律的逻辑形式为：A或者非A。具体而言，其要求为：①会计概念的确指性。在会计概念方面，排中律要求，在同一会计思维过程中，一个特定的会计事物要么具有某种特性，要么不具有某种特性。比如，一种特定的资产要么是货币性资产，要么是非货币性资产，而不能同时具有货币性特征和非货币性特征。再比如，企业对房地产计量属性的选择要么选择公允价值，要么选择账面价值，而不能同时选择两种计量属性。②会计判断结论的唯一性。在会计判断方面，排中律要求：在同一会计思维过程中，对一个相同的会计事物要么断定其真，要么断定其假。比如，企业会计人员针对企业的无形资产要么断定其受益年限确定，要么断定其受益年限不确定。再比如，对企业的财务政策下判断，要么认定其为激进型，要么认定其为谨慎型。

**2. 违反排中律的逻辑错误**

从排中律的要求来看，必须对同一会计思维过程中两个相互否定的会计思想进行“二者选一”，否则就会犯逻辑错误。具体而言，在同一会计思维过程中，如果对相互否定的两个会计思想既不肯定，也不否定，那么就违反了排中律，犯了“模棱两可”的逻辑错误。其主要表现为：①在同一会计思维过程中，对两个相互矛盾的会计判断都进行否定。比如，同时否定“企业 A 具有高流动比率”和“企业 A 不具有高流动比率”。②在同一会计思维过程中，对同一客观会计事物既反对肯定，又反对否定。比如，对固定资产的折旧既反对采用加速折旧法，同时又反对采用年限平均法。③在同一会计思维过程中，对同一个判断既否定其真，又否定其假。比如，同时否定“某金融企业发行次级金融债券提高了资本充足率”和“某金融企业发行次级金融债券不会提高资本充足率”。

**3. 正确地理解和运用排中律应该注意的几个问题**

排中律的“二者选一”的逻辑诉求在于保证会计人员思维的明确性，因此，正确理解和运用排中律时必须注意的是：

首先，排中律的适用范围。排中律只适用于同一时间、同一方面的条件下，对同一客观存在的会计事物作出的两个相互矛盾的会计判断。该客观会计事物如果存在第三种会计判断，就不能要求其必有一个为真。比如，对企业的发出存货进行核算，在实务中可以采用个别计价法、加权平均法和先进先出法等多种方法，所以“企业不采用个别计价法，也不采用加权平均法对发出存货进行计价”这一思维过程就不违反排中律，这是因为该企业还可以采用先进先出法，对企业发出存货的计价方法选择并不是“二选一”，而是有多种选择。

其次，对高度不确定的会计事物无法进行会计判断并不违反排中律。比如，鉴于商誉真实价值的不可确定性，会计人员对商誉的具体金额不作出会计判断并不违反排中律。再比如，对于资源型上市公司（比如煤炭行业）而言，其拥有的未来可开采量是一个对会计信息使用人特别有用的会计信息，但限于会计人员及相关专业人士的知识和能力、目前科学技术的水平而无法对未来可开采量的价值作出会计判断，并不违反排中律。

最后，要注意排中律和矛盾律的显著区别。具体而言，其表现在三个方面：①适用范围不同。排中律适用于一切不能同假的判断，而矛盾律适用于不能同真的判断。②逻辑要求不同。排中律要求必须有一个为真，而矛盾律要求必须确定一个为假。③逻辑错误不同。违反排中律就会犯“模棱两可”的逻辑错误，而违反矛盾律是犯了“自相矛盾”的逻辑错误。④作用不同。排中律是由假知真，从而保证思维的明确性，而矛盾律是由真知假，从而保证了思维的不矛盾性。

### 8.2.4 充足理由律

#### 1. 充足理由律的内容和要求

充足理由律是指：在具体的论证过程中，一个会计判断确定为真，总是有充足理由的。其逻辑形式为，由 B 真，才能推出 A 真。具体而言，基于客观会计事物之间的必然性因果联系，任何事物的存在总是有其必然的原因的。其对会计论证的要求主要表现为：①论据的真实性。在一个论证过程中，作为理由的判断必须为真，即论据必须为真。也就是说，在一个论证中，基于论据是支撑结论的基础，所以论据的真实与否就直接决定了结论的真实性。如果论据不真实或者不充分，论证就丧失了进行推演的意义。②理由和结论的必然联系性。在一个论证过程中，理由和结论之间必须有必然的联系，即通常所讲的必然性。否则，纵然长篇大论也是枉然。若所列的理由并不能支撑结论的必然性，则是一种无意义的“徒劳”。一个会计论证只有同时符合上述两个要求，才有可能是完整的论证过程。

#### 2. 违反充足理由律的逻辑错误

违反充足理由律的逻辑错误有两种，即虚假理由和推不出。①虚假理由。该逻辑错误是指用作理由的会计判断是不符合客观实际的，因此当然无法证实推理的真实性。比如，在 6.6 中对会计信息需求改善政策的建议的论证，如果该文中所持的基础性理论不成立，也就无法必然性推理出该政策的有效性。②推不出。这种逻辑错误是指，虽然理由是真实的，但是理由和结论之间不存在必然的联系，因此就推导不出任何结论。比如：

无形资产是企业的一项能够带来经济利益的资源。

石油可以作为企业的经济资源。

所以……

在这个论断中，虽然“无形资产是企业的一项能够带来经济利益的资源”和“石油可以作为企业的经济资源”都是真实的会计判断，但这两者之间并不存在本质上的必然联系，而分别是两件毫不相关的会计判断。因此，也就推导不出任何结论。

可见，充足理由律的作用主要是保证思维和表达的论证性。会计人员在日常的会计实践中，只有遵守充足理由律，才能保证论证性和说服力，这就是通常所讲的“言之有理、持之有据”。如果违反了该逻辑规律，就会犯虚假理由和推不出的逻辑错误。

## 8.3 会计逻辑思维能力培养及会计总体的逻辑提升

### 8.3.1 现代企业经营环境对会计从业人员的挑战①

现代企业所处的会计环境日趋复杂，对会计从业人员提出了新的挑战。其主要表现为：在新的世纪，随着经济全球一体化、知识经济占主导、科技高度发展、管理现代化，企业的经营活动面临着激烈的国际和国内竞争，企业要生存、发展和获利就必须有一个高效率、高质量和高效益的经营管理环境。

进一步讲，在企业内部，企业的职能部门为适应这种要求就必须进行管理架构的改革。财务会计部门作为企业的一个重要的职能部门，一方面，存在具

① 代金宏．需求导向下的会计人员素质教育［C］．第八届全国会计教学和实验研讨会交流论文．哈尔滨：哈尔滨商业大学，2006.

体职能在某一方面的扩张和削弱；另一方面，存在某些具体职能和其他部门的融合和集中。财务会计部门在内部架构管理改革中，其前途和使命的关键在于会计管理工作水平的高低。企业为构建一个高效率、高质量和高效益的管理工作体系，迫切需要一个管理型的财务会计部门，其管理的范围和半径不应该是萎缩而应该是扩张。究其原因在于财务会计部门是企业资金流、信息流的唯一交叉点，其管理的辐射功能是任何其他的管理工作职能部门无法相比的。换言之，其先天的管理平台是其他管理工作无法复制的。也就是说，这种先天的管理平台是企业财务会计工作职能必然扩张的先天优势，其关键在于有了“金碧辉煌的舞台”后，是否能有“长袖善舞”的会计管理人员。简言之，新时代呼唤高素质的会计从业人员。

财务会计部门由会计人员构成，会计人员素质的高低直接决定了该部门的管理水平，因此，重视会计从业人员素质培养是提高会计工作水平的必由之路。

### 8.3.2 会计逻辑思维能力是会计从业人员素质要求体系的根本①

一般而言，会计从业人员素质是指会计从业人员应该具备的品质和能力。从该定义看，素质包括两部分，品质和能力②。高素质会计从业人员是会计从业人员中的拔尖人才，其成长的历程不是一蹴而就的，而是一个较长时间的积累过程。其培养的环节涉及教育的多个阶段和不同的教育形式，涉及在会计实务中经验的逐步积累，涉及会计理论素质的逐步提高。所以，对高素质会计从业人员的素质要求应该作一个层次的界定，可分为基本素质和特异素质两个阶段。

#### 1. 基本素质

所谓基本素质是指会计从业人员为完成会计工作所必备的素质。其包括：①政治思想素质。具体到我国而言，会计从业人员必须坚持建设中国特色社会

---

① 索引同上。

② 在这里必须指出的是，在会计人员素质建设中也要两手抓、两手硬，偏废任一方面都不是一个合格的会计从业人员。特别地，在我国社会主义市场经济逐步深化的今天，由于制度和会计人员职业市场的建设滞后，品质建设更应被放在一个优先发展的高度，其在一定程度上决定会计从业人员素质建设的成败。

主义；要以马克思列宁主义、毛泽东思想、邓小平理论、“三个代表”重要思想、科学发展观、习近平新时代中国特色社会主义思想为指导；树立正确的世界观、人生观和价值观；走社会主义的和谐发展之路。②文化素质。会计从业人员在具体的会计工作中，要有一定的科学文化知识，包括政治经济学、财政学、哲学、金融学、统计学等多方面的知识。③业务素质。会计从业人员为履行岗位职责而必备业务相关的知识和能力。其包括：第一，专业理论知识。会计从业人员要全面学习和掌握会计专业理论，比如会计原理、财务会计、会计制度设计、管理会计、税务会计等。第二，专业工作能力。会计从业人员应掌握会计工作能力，包括会计核算能力、会计分析能力等。④逻辑思维能力素质。根据会计这门经济管理工作的特征，要求会计从业人员在拥有相关知识的基础之上，拥有会计逻辑思维，即通常所讲的会计概念、会计判断、会计推理和会计论证的能力。

**2. 特异素质**

所谓特异素质是指在一定时空范围内不能被复制的素质。其包括：①高专业素质。高素质会计从业人员应对本专业的理论和方法有深入的理解和感悟，有专业理论和方法方面的优势，能处理和解决实际工作中出现的会计疑难问题。②高专业归属感。高素质会计从业人员应热爱会计工作，有正确的会计从业价值观，对会计工作有职业归属感，认为从事会计工作是其发挥专业优势和才能的平台。③卓越的管理能力。高素质会计从业人员要从过去单纯记账核算向经营管理过渡，对企业的资金运动及其成果进行预测、决策、计划、控制、检查、考核和分析；特别在知识经济时代，知识成为企业经济增长的决定生产要素，高素质会计从业人员要有知识管理的能力。④复合型知识结构。高素质会计从业人员应知识结构合理，既要懂专业又要懂管理；既要懂日常生产经营，又要懂企业发展战略。⑤创新观念。高素质会计从业人员在思想方面，要有新观念、新思路、新理论等；在管理手段方面，要有新方法、新程序、新措施等；在体制方面，要有新模式、新制度等。即，高素质会计从业人员要能一切从实际出发，解放思想，具备管理创新的能力。⑥团队精神。企业的会计工作是一个团队协作的活动。作为团队中的一员，会计人员必须有团队合作精神，这样才能和其他会计人员一起形成合力，高效、快捷地完成会计工作。也就是说，一个高效、成绩优良的团队首先应该是一个内部团结、分工协作的团队，所以会计人员的团队精神才显得尤为重要。

以上是企业对一个高素质会计从业人员的基本要求。不可否认的是：因为逻辑思维能力直接决定会计人员主观能动性和创造性水平的高低，因此，在高素质会计从业人员的素质要求体系中，会计逻辑思维素质处于基础性地位。也就是说，针对会计经济管理工作的职能要求，只有夯实会计逻辑思维能力素质的培养，才有可能构建一个结构合理的会计人员素质体系。

## 8.3.3 会计从业人员会计逻辑思维的培养

### 1. 会计学校教育

会计学校教育时期是一个会计从业人员积累知识、成就未来的黄金期。作为一种专业的逻辑思维能力，会计逻辑思维带有较强的学科特性。所以，在会计教育中要时刻注意对会计逻辑思维能力的培养。具体而言，应该从两方面入手：

第一，会计施教者要有一定的逻辑理论方面的专业知识，要能将逻辑学科的理论和会计知识进行融合，即具备本书所称的会计逻辑思维能力。只有这样，才能在日常的教育活动中予以充分运用，进而给学生强有力的会计逻辑思维影响，才能从根本上提高会计教育的有效性，才能造就高素质的会计从业人员。

第二，会计受教者在学习进程中，要有运用逻辑思维的习惯。具体而言，对会计专业知识的学习，不仅要知道“是什么”，更重要的是知道“为什么”。对会计知识的反复逻辑考量，将有助于对会计专业知识的深入领会，从而达到举一反三、融会贯通的功效。同时，在学习过程中，要学会运用会计概念、会计判断和会计推理的逻辑思维方式进行问题式的思考，将逻辑思维的工具型职能充分发挥和演练。

### 2. 会计实践经验积累

如果说，会计学校教育是一种知识储备，那么，进入会计工作环境的会计从业者就必须重点考虑会计逻辑思维能力在会计工作中的具体运用。从会计实务的角度讲，会计从业人员在掌握一定的会计专业知识之后，要尽快地充分融入企业的会计实务工作中去，学会用会计逻辑思维去考察具体的会计实践，不断地进行总结，进而进一步地反馈到会计实践中，进而提高会计工作的水平和效果。会计从业人员要学会在具体的会计实践中，将简单的实务问题思维复杂化、逻辑化，运用会计专业知识进行逻辑推演，进而考察不同的会计方法、程序、制度等会计实际操作对国家、企业、个人以及相关方面的经济后果和企业管理水平的影响，并及时地进行客观总结，进而在此基础之上逻辑抽象化使之结论简单化，还理论抽象化的逻辑本质，尽可能地广泛传播并运用到会计实践中去。

在此有必要指出的是：在具体的会计逻辑思维活动中，在具体的知识运用方面不能仅仅局限于会计专业知识。其理想的做法是努力借鉴相关学科的理论知识为会计逻辑思维所用，为会计逻辑思维的高速发展制造新的“理论引擎”。

**3. 会计研究过程的逻辑规范的建立**

在会计研究工作中，要有意识地培养逻辑规范，即有明确的会计概念、恰当的会计判断和有效的会计推理，这不仅是会计研究有效性的合理保证，还事关一个国家或者地区会计水平长足进步。基于从事会计教育的高校教师大部分同时专注会计研究，其逻辑规范的培养不可避免地会“映射”到会计教育中去，所以，从该层意义上讲，会计研究过程中的逻辑规范就显得更为重要。笔者认为，其可行的途径是：①改革高校目前只注重论文数量，不重视论文质量的教师绩效评价体系。②教育主管部门改变目前定期的高校评估制度，避免高校在该评估指标下“怂恿”教师多发论文的不良学术导向。③新闻出版相关主管部门和杂志社要转变管理和办刊思路，改变目前只要数量不要质量的“劣习”。④会计研究人士要注重培育自身的逻辑素养，在良好的外部环境导向下树立“书不惊人不罢休”的治学态度。

## 8.3.4 会计总体逻辑提升

**1. 会计总体逻辑提升的意义**

会计逻辑思维能力的培养是会计事业中一项长期的基础性系统工程，它关系到一国会计教育、会计科研以及会计实务水平的高低，关系到会计专业文化的建设，所以，要从根本上提升会计逻辑思维能力，并不能简单归结于某个会计从业人员的主观努力本身，而应该升华为会计教育、会计科研和会计实务的整体高度上，笔者称之为“会计总体逻辑提升”。也就是说，会计总体逻辑提升就是将会计逻辑规律普遍适用于会计教育、会计实务和会计研究中去，将会计逻辑规范贯彻地深入人心，使会计逻辑规范成为会计人员从事会计工作的一项基础性规范。

不得不指出的是：正如笔者在前文中指出的，从会计规范的层面讲，会计逻辑规范是一种不成文的会计工作规范，但这丝毫不能抹杀会计逻辑规范的基础性作用。其意义表现为：①提高会计工作的规范性。会计总体逻辑提升可以极大地提高会计人员的逻辑能力，在各项会计工作中遵守会计规律规范可在成文会计规范之外给予会计人员以规范指导，进而提高会计工作的规范性。②有利于会计信息质量的大幅提高。会计人员在会计工作中运用逻辑规律，提高逻辑思维能力，并通过其合理、有效和理性的会计行为进行各项会计工作，这样就可以大幅提高会计工作的质量，提高会计信息的质量。③给予会计工作一个逻辑规范层面的质量保证。会计工作归根到底是由会计人员来执行规范的能动性活动，所以，使逻辑规范深入会计人员之心实质上是给出了一个会计工作的强有力的质量保证体系。

**2. 会计总体逻辑提升的基础性制度支撑环境**

会计总体逻辑提升是会计事业中一项长期的基础性系统工程，所以基础性的制度建设尤为重要。笔者认为，该种逻辑提升应该有一定的基础性制度支撑环境，主要包括：

第一，会计逻辑思维的教育制度环境。也就是说，要在会计教育中营造一种学会计逻辑、讲会计逻辑、运用会计逻辑的教育氛围，将会计教育的施教者和受教者一同置于“浓烈的会计逻辑氛围”中，这样必将极大地提高会计逻辑教育的水平。因此，高校在会计学科建设、课程设置、科学研究方面要引起一定的重视并付诸实施，将这项基础性的教育工作和课程规划好、建设好，铸就21世纪会计教育的精品课程。

第二，会计逻辑思维的运用制度环境。会计工作主管部门、相关的政府职能部门以及企业等相关政府部门、经济组织和单位要高度重视对会计逻辑思维的具体运用，运用会计逻辑思维提高会计信息的质量、提高会计工作的管理水平和规范市场秩序。比如，在前文中，笔者曾经提及的会计术语亟待规范的问题就是一个恰当的例子。

第三，将会计逻辑上升到会计优秀文化的高度来呵护和培育。从历史上看，在一定的程度上我们是一个感性多于理性的民族，这点从很多中华民族的语言中就可见一斑，比如“人定胜天”的豪情壮语不胜枚举。所以，具体到会计而言，会计逻辑思维的培养将有助于提高整体会计从业人员的逻辑理性，建立一种讲逻辑的会计优秀文化实是我国会计事业的一桩幸事。

# 参考文献

[1]于玉林. 现代会计方法学[M]. 上海:立信会计出版社,1997.

[2]于玉林. 现代会计理论——会计系统论、会计信息论与会计控制论[M]. 北京:经济科学出版社,2004.

[3]于玉林. 现代会计理论、实务与教育研究[M]. 北京:中国财政经济出版社,2000.

[4]于玉林. 现代会计哲学[M]. 北京:经济科学出版社,2002.

[5]于玉林. 广义会计学——基于大会计总体结构的研究[M]. 北京:经济科学出版社,2006.

[6]于玉林. 无形资产概论[M]. 上海:复旦大学出版社,2005.

[7]于玉林. 现代会计结构论[M]. 大连:东北财经大学出版社,1997.

[8]于玉林,李端生. 会计基础理论研究[M]. 北京:经济科学出版社,2001.

[9]韩传模,张俊民. 财务与会计监管热点问题述评[M]. 北京:经济科学出版社,2004.

[10]美国财务会计准则委员会著,娄尔行译. 论财务会计概念[M]. 北京:中国财政经济出版社,1992.

[11]魏明海,龚凯颂. 会计理论[M]. 大连:东北财经大学出版社,2001.

[12]于惠棠. 辩证思维逻辑学[M]. 济南:齐鲁书社,2007.

[13]廖洪. 会计理论及其应用分析[M]. 北京:中国审计出版社,2001.

[14]财政部. 企业会计准则 2006[M]. 北京:经济科学出版社,2006.

[15]财政部. 企业会计准则——应用指南[M]. 北京:经济科学出版社,2006.

[16]葛家澍等. 会计大典(第一卷):会计理论[M]. 北京:中国财政经济出版社,1998.

[17]葛家澍,杜兴强. 知识经济下财务会计理论与财务报告问题研究[M]. 北京:中国财政经济出版社,2004.

[18]葛家澍. 会计基本理论与会计准则问题研究[M],北京:中国财政经济出版社,2000.

[19]葛家澍. 会计学导论[M]. 上海:立信会计图书用品社,1988.

[20]葛家澍,林志军. 现代西方会计理论[M]. 厦门:厦门大学出版社,2001.

[21]葛家澍. 财务会计理论、方法、准则探讨[M]. 北京:中国财政经济出版社,2002.

[22]葛家澍,财务会计理论研究[M]. 厦门:厦门大学出版社,2006.

[23]葛家澍,吴水澎. 会计基本理论问题探索[M]. 上海:立信会计图书用品社,1991.

[24]葛家澍,刘峰. 会计理论——关于财务会计概念结构的研究[M]. 北京:中国财政经济出版社,2003.

[25]薛云奎. 会计准则制定的方法论研究[M]. 上海:上海财经大学出版社,1999.

[26]葛家澍,杜兴强. 中级财务会计学(上)[M]. 北京:中国人民大学出版社,1999.

[27]刘峰. 会计准则变迁[M]. 北京:中国财政经济出版社,2000.

[28]刘峰. 会计准则研究[M]. 大连:东北财经大学出版社,1996.

[29]刘峰,潘琰,林斌. 会计学基础[M]. 北京:高等教育出版社,2006.

[30]汤云为,钱逢胜.会计理论[M].上海:上海财经大学出版社,1997.

[31]陈今池.西方现代会计理论[M].北京:中国财政经济出版社,1989.

[32]陈今池.现代会计理论概论[M].上海:立信会计出版社,1993.

[33]郑庆华,赵耀.新旧会计准则差异比较与分析[M].北京:经济科学出版社,2006.

[34]陈国辉.会计理论研究[M].大连:东北财经大学出版社,2001.

[35]张智光.管理决策逻辑[M].北京:中共中央党校出版社,1990.

[36]白庆祥.逻辑学基础[M].北京:中国人民公安大学出版社,2003.

[37]傅殿英.管理决策的逻辑方略[M].北京:北京师范大学出版社,1990.

[38]瞿麦生.寻求超越——点击经济逻辑[M].香港:东西文化事业有限公司,2004.

[39]江天骥.归纳逻辑导论[M].长沙:湖南人民出版社,1987.

[40]北京逻辑学会.归纳逻辑:北京逻辑学会首届年会归纳逻辑讨论会论文汇编[M].北京:中国人民大学出版社,1986.

[41]金岳霖.知识论[M].北京:商务印书馆,2011.

[42]金岳霖.逻辑[M].北京:中国人民大学出版社,2010.

[43]姜丕之.《黑格尔〈逻辑学〉一书摘要》解说[M].上海:上海人民出版社,1982.

[44]刘冠军.科学思维方法论[M].济南:山东人民出版社,2010.

[45]李志才.方法论全书2:应用逻辑学方法[M].南京:南京大学出版社,1998.

[46]李廉.辩证逻辑[M].合肥:安徽人民出版社,1982.

[47]谢新观等.经济逻辑学[M].北京:中央广播电视大学出版社,1988.

[48]彭漪涟.概念论——辩证逻辑的概念理论[M].北京:学林出版

社,1991.

[49]中共中央马克思、恩格斯、列宁、斯大林著作编译局. 马克思恩格斯选集(第三卷)[M]. 北京:人民出版社,1972.

[50]辞海(第七版)[M]. 上海:上海辞书出版社,2020.

[51]亚里士多德. 形而上学(第一卷)[M]. 北京:人民出版社,1975.

[52]黑格尔著,梁志学译. 逻辑学[M]. 北京:人民出版社,2002.

[53]中共中央马恩列斯著作编著译局. 列宁全集(第 38 卷)[M]. 北京:人民出版社,1991.

[54]范文澜. 中国通史简编[M]. 北京:人民出版社,1964.

[55]郭惠云,王敏. 会计学[M]. 北京:经济科学出版社,2001.

[56]杨纪琬,娄尔行. 经济大辞典 · 会计卷[M]. 上海:上海辞书出版社,1991.

[57]冯淑萍. 简明会计辞典[M]. 北京:中国财政经济出版社,2002.

[58](英)鲍勃 · 瑞安,罗伯特,W · 斯卡彭斯,迈克尔 · 西奥博尔德著,阎达五,戴德明,何广清等译. 财务与会计研究——方法与方法论[M]. 北京:机械工业出版社,2004

[59](英)威廉 · 涅尔,玛莎 · 涅尔. 逻辑学的发展[M]. 北京:商务印书馆,1985.

[60](日)末木刚博等著,孙中原等译. 逻辑学——知识的基础[M]. 北京:中国人民大学出版社,1984.

[61]菲利普 · 弗兰克著,许良英译. 科学的哲学——科学和哲学之间的纽带[M]. 上海:上海人民出版社. 1985.

[62]约翰 · 洛西著,邱仁宗等译. 科学哲学历史导论[M]. 武汉:华中工学院出版社,1982.

[63]马克思.资本论[M]. 北京:人民出版社,1975.

[64]李秀林等.辩证唯物主义和历史唯物主义原理[M]. 北京:中国人民大学出版社,1995.

[65]陈毓圭,杨小舟.会计新辞典[M]. 北京:经济科学出版社,1993.

[66]孟凡利.财务会计理论[M]. 成都:西南财经大学出版社,1996.

[67]财政部.企业会计准则2001[M]. 经济科学出版社,2001.

[68]国际会计准则委员会.国际会计准则[M]. 北京:中国财政经济出版社,1993.

[69]梁小民等.经济学大辞典[M]. 北京:团结出版社,1994.

[70]陈今池.现代会计理论[M]. 上海;立信会计出版社,1998.

[71]财政部.企业会计制度2001[M]. 北京:经济科学出版社,2001.

[72]刘明辉.走向21世纪的现代会计[M]. 大连:东北财经大学出版社,1996.

[73]于光远.经济大辞典[M]. 上海:上海辞书出版社,1992.

[74]冯契.哲学大辞典——马克思主义哲学卷[M]. 上海:上海辞书出版社,1990.

[75](美)A. C. 利特尔顿著,林志军等译.会计理论结构[M]:北京:中国商业出版社,1989.

[76]常勋.财务会计四大难题[M]. 上海:立信会计出版社,2005.

[77]林钟高,魏立江.会计再造:美国《2002年萨班斯－奥克斯莱法案》启示录[M]. 北京:经济管理出版社,2004.

[78]卢永华.广义会计理论[M]. 北京:中国金融出版社,2000.

[79]唐国平.财务会计对象要素研究[M],大连:东北财经大学出版社,2003.

[80]吴水澎.中国会计理论研究[M]. 北京:中国财政经济出版社,2000

[81]刘永泽,孙翯.我国上市公司公允价值信息的价值相关性——基于企业会计准则国际趋同背景的经验研究[J].会计研究,2011,(02):16-22+96.

[82]张新民,祝继高.经营资产结构影响高商誉企业的市场价值吗——基于A股上市公司的实证研究[J].南开管理评论,2019,22(02):114-127.

[83]盖地.税务会计原则、财务会计原则的比较与思考[J].会计研究,2006,(02):40-46+96-97.

[84]韩传模,王成秋.基于公理化方法的会计基本假设的设定[J].当代财经,2006,(07):112-115

[85]田昆儒,王晓东,姚会娟.中国社会关联会计论纲[J].上海立信会计学院学报,2006,(05):3-9.

[86]葛家澍.当前财务会计的几个问题——衍生金融工具、自创商誉和不确定性[J].会计研究,1996,(01):3-8.

[87]葛家澍.关于财务会计几个基本概念的思考——兼论商誉与衍生金融工具确认与计量[J].财会通讯,2000(01):3-12

[88]葛家澍.制度·市场·企业·会计[J].财会通讯,2006,(03):16-22.

[89]李辰.公理化方法的会计学应用:会计基本理论的解构和重构[J].会计研究,2003,(09):3-7+65.

[90]阎达五.价值链会计研究:回顾与展望[J].会计研究,2004,(02):3-7+96.

[91]杜兴强.关于会计基本假设的再认识[J].决策借鉴,1999,(03):26-30.

[92]李明辉.试论自愿性信息披露[J].财经论丛(浙江财经学院学报),2001,(04):70-75.

[93]李琪琦.会计信息的优势分析[J].财会通讯,2006,(05):15-17.

[94]刘强安.试论会计信息的双重作用[J].财会月刊,2005,(11):8－9.

[95]石中美,会计目标的变化与财务报告的改进[J].中南财经政法大学学报,2006,(01):119－124＋144.

[96]夏冬林.财务会计:基于价值还是基于交易[J].会计研究,2006,(08):10－17＋96.

[97]谢志华.会计的逻辑——以会计信息为基础整合企业信息体系[J].会计研究,2003,(06):11－17.

[98]张美霞.会计准则制定方法的变迁与选择[J].当代财经,2005,(10):103－107.

[99]代金宏,曹彦栋.试论无形资产及其要素——对《企业会计准则第6号——无形资产》的逻辑解读[J].现代会计,2006,(04):36－39.

[100]代金宏,曹彦栋.会计信息的需求:一个建议[J]当代财经,2006,(07):116－118.

[101]代金宏,倪晓楠.会计师事务所战略人力资源管理探讨[J].上海立信会计学院学报,2006,(04):28－32.

[102]代金宏,曹彦栋.会计信息的均衡研究[J].华东经济管理,2006,(05):140－144.

[103]曹彦栋,代金宏.会计信息的需求研究:禀赋差异后果及建议[J].华东经济管理,2006,(08):143－145.

[104]曹彦栋,代金宏,游群林.创新的核心是无形资产创新[J].企业改革与管理,2006,(08):36－37.

[105]吴联生,王亚平.盈余管理程度的估计模型与经验证据:一个综述[J].经济研究,2007,(08):143－152.

[106]陈关亭.我国上市公司财务报告舞弊要素的实证分析[J].审计研究,

2007,(05):91 -96 +90.

[107]毛洪安,我国上市公司会计信息质量研究[J]. 会计论坛,2007,(01):68 -78.

[108]赵治纲. 新准则实施后上市公司盈余管理研究[J]. 中央财经大学学报,2007,(08):48 -51 +56.

[109]杨国星. 上市公司会计信息披露的政府监管[J]. 中央财经大学学报,2007,(08):52 -56.

[110]范丽娇. 企业合并会计准则的国际比较[J]. 商业会计,2007,(07):14 -15.

[111]季晓东. 企业年金会计制度变迁及发展建议[J]. 南京财经大学学报,2007,(01):74 -78.

[112]于永生,汪祥耀. 美国新发布的“公允价值计量”准则及其启示[J]. 审计与经济研究,2007,(03):61 -65.

[113]韦志余,徐祥强. 中美企业合并会计报表的差异及启示[J]. 现代金融,2007,(05):9 -10.

[114]王萱. 浅析新会计准则之资产减值[J]. 经济师,2007,(07):168 -169.

[115]肖勇贤,我国合并财务报表准则与国际会计准则的比较[J]. 审计与理财,2007,(07):24 -25.

[116]李绍敬. 我国投资性房地产会计准则国际比较及影响[J]. 上海金融学院学报,2007,(03):65 -68.

[117]赵彦锋. 新会计准则解读:公允价值视角[J]. 财会通讯(学术版),2007,(08):57 -59.

[118]温琳. 利益相关者微观会计政策选择行为分析[J]. 财会通讯(学术

版),2007,(08):80 - 82 + 39.

[119]王鹏. 税务会计准则制定的序贯博弈[J]. 财会月刊,2007,(29):24 - 25.

[120]辛清泉,林斌,王彦超. 政府控制、经理薪酬与资本投资[J]. 经济研究,2007,(08):110 - 122.

[121]曾湃. 股权全流通下上市公司有效治理体系的构建途径[J]. 经济管理,2007,(18):80 - 83.

[122]李桢,马用民,孙洪德. 债务重组准测修改其他债务条件下会计处理的比较[J]. 财会通讯(综合版),2007,(03):50 - 51.

[123]顿日霞,薛有志. 多元化经营企业组织结构与治理特征的匹配关系[J]. 经济管理,2007,(19):50 - 54.

[124]吴炯. 从公司治理起源看其制度治理内涵[J]. 经济管理,2007,(19):86 - 88.

[125]丁忠明,杨善林. 论国有商业银行董事会治理[J]. 投资研究,2007,(08):35 - 38.

[126]曹征. 中国海外投资企业法律风险的实证研究——基于利益相关者治理的视角[J]. 财贸经济,2007,(08):68 - 75 + 129.

[127]朱峰. 非对称信息下的审计委托代理理论——激励契约安排与外部监督机制[J]. 审计研究,2007,(05):50 - 55.

[128]雷光勇,刘慧龙. 控股股东性质、利益输送与盈余管理幅度——来自中国 A 股公司首次亏损年度的经验证据[J]. 中国工业经济,2007,(08):90 - 97.

[129]陈小林,张立民. 独立董事、审计委员会与审计意见——来自中国证券市场的证据[J]. 中国会计与财务研究,2007,(02):52.

[130]傅蕴英,徐福艳,大股东股权差距与企业价值的文献综述[J]. 管理现

代化,2007,(04):44 -46.

[131]袁春生,卢宇荣. 基于治理主体视角的财务舞弊治理机制研究综述[J]. 经济学动态,2007,(04):65 -68.

[132]杜兴强,周泽将. 上市公司中期财务报告自愿审计的公司治理动因——基于深圳证券市场的经验证据[J]. 上海立信会计学院学报,2007,(02):53 -60.

[133]王化成,姚燕. 我国上市公司控制权转移的特点、问题及对策[J]. 财务与会计,2007,(16):21 -23.

[134]姚燕,张宁. 上市公司控制权转移与大股东融资——对复星集团融资方式的评析[J]. 财务与会计,2007,(16):24 -25.

[135]陶元磊. 从公司治理角度看国企红筹股回归 A 股的潜在影响[J]. 财务与会计,2007,(16):32 -34.

[136]陈旭东,迟丹凤. 上市公司独立董事与公司业绩相关性的实证研究[J]. 财会通讯(学术版),2007,(08):8 -14.

[137]吴英. 上市公司并购效应实证分析[J]. 财会通讯(学术版),2007,(09):8 -10.

[138]杨忠智. 公司内部控制的价值分析[J]. 经济管理,2007,(18):15 -19.

[139]张立民,唐松华. 内部控制、公司治理与风险管理——《托普典章》为什么不能拯救托普[J]. 审计研究,2007,(05):35 -41.

[140]王学峰. 中国证券公司内部控制体系研究[J]. 中央财经大学学报,2007,(10):38 -42 +48.

[141]杨军,韦秀长. 抓好内部控制的环境建设——来自中国联通的经验[J]. 财务与会计,2007,(16):34 -37.

[142]郑小荣,时现. 试论内部控制规范体系:制度、标准与法规[J]. 财务与会计,2007,(19):20-22.

[143]袁建国,袁春生. 企业内部控制制度的新思路:公司治理视角[J]. 财会通讯(学术版),2007,(09):61-63.

[144]叶璋礼. 我国资本公积会计:现状评析与重新构建[J]. 淮北煤炭师范学院学报(哲学社会科学版),2006,(06):75-79.

[145]李斌,张新美. 会计职业判断研究的维度观及微观研究的缺陷[J]. 财会通讯(综合版),2007,(03):26-27.

[146]胡少先. 股权投资差额会计处理的回顾与展望[J]. 中国注册会计师,2007,(01):52-54.

[147]童伟. 会计信息发展的趋势——无纸化[J]. 财会通讯(学术版),2007,(01):19-22.

[148]张颖萍. 我国生物资产准则与 IAS41 之比较[J]. 财会月刊,2007,(08):84-85.

[149]谢阳春. 新旧债务重组会计准则之比较[J]. 财会月刊,2007,(09):72-73.

[150]张鑫,张磊,吕亮. 非货币性资产交换会计准则相关问题研究[J]. 财会月刊,2007,(09):78-80.

[151]蔡吉甫. 会计信息质量与公司投资效率——基于 2006 年会计准则趋同前后深沪两市经验数据的比较研究[J]. 管理评论,2013,25(04):166-176.

[152]杨敏,陆建桥,徐华新. 当前国际会计趋同形势和我国企业会计准则国际趋同的策略选择[J]. 会计研究,2011,(10):9-15+96.

[153]刘玉廷,王鹏,崔华清. 关于我国上市公司 2007 年执行新会计准则情况的分析报告[J]. 会计研究,2008,(06):19-30.

[154]孟晓俊,杨嘉婷.论国际租赁会计准则变化影响及在我国的适用性[J].财会研究,2016,(07):39-41.

[155]陈升翠,姚荣辉.新收入准则在互联网企业中的应用研究[J].会计之友,2018,(04):15-18.

[156]张林,丁鑫,谷丰."互联网+"时代会计改革与发展——中国会计学会2015年学术年会观点综述[J].会计研究,2015,(08):93-95.

[157]王桂花.会计稳健性、企业投资效率与企业价值——来自中国上市公司的经验证据[J].山西财经大学学报,2015,37(04):115-124.

[158]符文娟,梅瑾瑾.关于数据资产财务核算的研究[J].财务与会计,2022,(08):46-50.

[159]程明娥,汤旸.财务会计概念框架:综述及建议[J].财会通讯,2023,(01):18-22.

[160]许燕.会计职业判断研究[D].天津财经学院,2004.